Dos cuentos biculturales

El medallón de plata
y
Una visita a Cuba

Michael Noricks, Ph.D.

Former Foreign Language Department Chair
at Cate School, Carpinteria, CA
and Graland Country Day School, Denver, CO

AMSCO SCHOOL PUBLICATIONS, INC.
315 Hudson Street, New York, N.Y. 10013

Para mi cuatacha, Linette

Text and Cover Design by A Good Thing, Inc.
Illustrations by Tony D'Adamo

Please visit our Web site at:
www.amscopub.com

When ordering this book, please specify *either* **R 115 P**
or Dos Cuentos Biculturales

ISBN 1-56765-803-2
NYC Item 56765-803-1

Printed in the United States of America

1 2 3 4 5 6 7 8 9 10   11 10 09 08 07 06 05

Contents

Introduction   *v*

El medallón de plata   *1*

Una visita a Cuba   *55*

Verb Tables   *101*

  Preterit   *102*

  Imperfect   *103*

  Using the Preterit and the Imperfect   *104*

Vocabulary   *105*

Introduction

The stories in this book are about teenagers who are proud of their biculturalism. The first, *El medallón de plata*, follows the experiences of two young women who are deeply connected to their Mexican roots. Each has a special relationship to one of Mexico's most famous revolutionary figures: either Pancho Villa or Emiliano Zapata. The second story, *Una visita a Cuba*, is about twin boys and their family's odyssey from Cuba to Colorado. Between 1959 and 1962, thousands of Cubans who opposed Castro's political leadership emigrated to southern Florida; however, an organization called *El Refugio Cubano* placed Cuban immigrants across the USA.

These stories are also about using the two past tense forms that most textbooks published in this country call the *preterit* and the *imperfect*. The preterit functions much like the simple past tense in English—but it has numerous irregular forms! While the imperfect is easier to conjugate (in fact, there are only three irregular verbs), using it correctly takes considerable practice.

Besides teaching you about Mexican history and culture, *El medallón de plata* will help you to form and use the preterit. Because you have probably studied Spanish for only a semester or two, you are still learning many new vocabulary words. Accordingly, a list of common words and their English translations opens each chapter, and, in addition, margin notes assist you with the more difficult passages. Finally, each chapter concludes with exercises designed to aid you in understanding the plot and sharpening your writing skills in Spanish.

In *Una visita a Cuba*, you will have an opportunity to read and utilize the imperfect as well as preterit forms against a contemporary historical backdrop. Now that you have advanced in your knowledge of vocabulary, each chapter opens with common Spanish words, their English translations, and a Spanish synonym (preceded by =) or antonym (preceded by *). Once again, margin notes offer help with difficult passages and each chapter concludes with exercises designed to help you solidify your mastery of the plot as well as both past tense forms. There are additional exercises following Chapters 6 and 12 designed to assist you in writing summarizing compositions.

Let's get started!

Michael Noricks

El medallón de plata

¡Viva La Revolución!

Porfirio Díaz controlled Mexico's presidential chair, either directly or indirectly, from 1887 until 1911. The *Porfiriato* (the Díaz presidency) was a period of unprecedented stability and growth, but Díaz maintained power by force. Especially effective in this role were the rural police, *los rurales*, and the army.

By the close of the *Porfiriato* some 3,000 families owned over one-half of all private land. Although a middle class did exist in the larger cities, the majority of the population was divided into rich and poor.

Díaz surprised the nation in 1908 when he announced that he would not seek reelection. Wealthy, Berkeley-educated landowner Francisco Madero campaigned to fill the void. When Díaz did run, and, of course, win the election, his administration had already imprisoned Madero in San Luis Potosí on trumped-up charges. Following his release, Madero drafted his *Plan de San Luis Potosí*, dating it 5 October 1910, his last day behind bars. He called the recent election a fraud, he appointed himself provisional president until new elections could occur, and, finally, he called for Mexicans to revolt after 6 p.m. on 20 November.

Future Revolutionary legends heeded the call. They included Pancho Villa, Emiliano Zapata, and Venustiano Carranza (governor of Cuahuila state), together with his faithful general, Álvaro Obregón. The federal troops (*los Federales*) were quickly overwhelmed, and don Porfirio himself resigned on May 25, 1911.

Madero was officially elected to the presidency in November, but the rebel confederacy was already straining at the seams. New hostilities erupted when Madero proved to be a more capable political thinker than president.

To the south in Morelos state, Zapata announced his *Plan de Ayala*, which favored returning the haciendas to their hereditary owners. Local strongmen took up arms in the north. The old dictator's nephew, Félix Díaz, revolted in Mexico City. His uprising is known as *La Decena Trágica*. At a predetermined moment, however, the fighting stopped. Madero's general, Adolfo de la Huerta, changed sides, and with the complicity of the American Ambassador and the support of the Mexican Congress, Huerta became president. Madero and his vice-President were later assassinated while leaving for exile.

Carranza, Villa, Zapata, and even U. S. President Wilson refused to recognize the bloody and violent Huerta regime. Huerta resigned on 8 July 1914. Next, Carranza, the ambitious *Primer Jefe* of the Revolution, refused to acknowledge the constitutional convention's choice for president and he removed the capital to Veracruz. Villa and Zapata then occupied Mexico City.

Villa and Zapata differed widely and their coalition soon dissolved. Zapata was slim and introverted, even brooding. His fight was for the land and the peasants of his beloved southern Morelos state to which he quickly returned for planting season. Tall, muscular and extroverted, Villa enjoyed the sting of battle and the excitement of politics. He left Mexico City to resume the fight in the north.

When Carranza's champion, General Obregón, scored a decisive victory against Villa in April 1915, Villa agreed to lay down his arms. Carranza won the special presidential elections held in March 1917. Later, he backed Zapata's assassination in 1919.

General Obregón revolted when Carranza attempted to handpick his successor for the 1920 elections. Carranza was forced into exile and assassinated in flight.

The Obregón election in 1920 brought relative stability to the Republic after ten years of civil war. Secretary of Education Vasconcelos commissioned artists to cover public buildings with murals. Through the brushes of O'Gorman, Orozco, Rivera, Siquieros and others, Mexicans learned a new national history, one filled with awe and respect for the pre-Columbian past.

Villa was assassinated in 1923, during the Obregón Presidency. In 1924, another revolutionary general, Plutarco Calles, succeeded Obregón as president in the first peaceful transfer of power in more than a decade. When Calles' term expired in 1928, Obregón was re-elected, but he took an assassin's bullet before assuming office.

A Brief Chronology of the Mexican Revolution

- **March 1908** President Díaz announces that he will not seek reelection in 1910.
- **May 1909** Madero openly campaigns for the presidency.
- **November 1910** The Revolution begins.
- **May 1911** Díaz resigns.
- **October 1911** Madero is elected president, but his revolutionary coalition is already crumbling.
- **February 1913** Félix Díaz revolts in Mexico City. General Huerta betrays Madero and assumes the presidency. Madero and his vice president are subsequently assassinated.
- **July 1914** Huerta resigns the presidency.
- **October–November 1914** The Constitutional Convention selects a compromise candidate as provisional president. Carranza, *Primer Jefe* of the Revolution, removes the capital to Veracruz.
- **November 1914** Villa and Zapata oppose Carranza and occupy Mexico City.
- **April 1915** *Carrancista* hero General Obregón decisively defeats Villa at the Battle of Celaya.
- **March 1917** Carranza wins a special presidential election.
- **April 1919** Zapata is assassinated.
- **May 1920** Carranza is assassinated after opposing an Obregón presidency.
- **September 1920** Obregón is elected president.
- **July 1923** Villa is assassinated.
- **November 1924** Calles is elected president.
- **July 1928** Obregón is reelected but assassinated before assuming office.

Emiliano Zapata

*E*miliano Zapata was born in 1879 in Anenecuilco in More-los state, south of Mexico City. After Francisco Madero assumed the presidency, Zapata became disillusioned with the government's lack of progress with land reform. In November 1911, Zapata drafted his reform plan called the *Plan de Ayala*. The *Plan* rejected the Madero presidency and promised to appoint a

provisional president until there could be elections. Additionally, the *Plan* advocated returning stolen land to the peasants by seizing, with payment, a third of the area of the haciendas. Zapata's slogan became *Tierra y Libertad* (Land and Freedom).

After General Huerta engineered Madero's assassination, and as president, began a bloody, dictatorial eighteen-month administration, Zapata joined Carranza and Villa to defeat Huerta. The *Zapatistas* and the *Villistas* took Mexico City in 1914. There, Zapata met for the first and final time with his compatriot from the north, Pancho Villa.

Zapata returned to Morelos to farm, but Villa and Carranza continued to fight one another. Eventually, *Carrancista* hero Álvaro Obregón decisively defeated Villa at the Battle of Celaya in 1915. Carrranza could then concentrate on the Revolution's remaining charismatic leader, Emiliano Zapata.

Zapata received word that a *Carrancista* colonel wanted to defect to the *Zapatistas*. Zapata went to the Chinameca hacienda in Morelos for a meeting with the colonel. Government soldiers assassinated Zapata after he entered the hacienda.

Zapata's body was dumped on the street in Cuautla. Nonetheless, the *campesinos* refused to accept his death. Rumor had it that he still rode his white charger in his beloved mountains above Morelos.

Pancho Villa

The legendary bandit and revolutionary general Francisco (Pancho) Villa was born Doroteo Arango in Durango state in 1878. Villa never attended school. Instead, after his father died he went to work on a ranch owned by the López Negrete family.

According to the Villa legend, when he was sixteen years old, Villa mortally wounded Agustín López Negrete, who had forced himself on Villa's sister Martina. Imprisoned and sentenced to death, Villa wounded his jailer and escaped to the mountains.

Pancho Villa resurfaced around 1910 in Chihuahua. General Huerta made Villa an honorary brigadier general when hostilities broke out against President Díaz. When Villa quickly proved himself a brilliant military tactician, Huerta staged a court martial to rid himself of the popular upstart. Madero commuted the death sentence to imprisonment in Mexico City. There, Villa learned to read and write. He escaped in 1912.

Villa then joined the opposition armies under the command of Carranza after Huerta became president. Villa's infamous *División del Norte* grew to nine thousand soldiers within a few months. Villa essentially ruled northern Mexico.

When the combined forces of Villa, Zapata and Carranza defeated Huerta, the U. S. officially supported a (provisional) Carranza presidency. Villa was infuriated by the snub. He retaliated by raiding Columbus, New Mexico. In return, General John Pershing tried to capture Villa, but his two expeditions into Mexico ended in frustration.

In 1920, Villa accepted a comfortable retirement at the Hacienda of Canutillo. Villa's popularity remained a constant threat to some, however. In 1923, while Villa was returning with his bodyguards from bank business in Parral, Chihuahua, eight armed men assaulted his automobile, killing him and several of his aides.

Most historians feel that Villa's assassination was politically moti-
vated; rumors had begun to spread that he was planning to leave
retirement and make a run for the presidency.

¡Viva la Revolución!

1. Who ruled Mexico from 1887 until 1911 and what is that period of Mexican history called?
2. What happened in Mexican politics after Díaz announced that he would not seek reelection in 1910?
3. How and when did the Revolution officially begin?
4. Who were some of the future revolutionary heroes that heeded Madero's call?
5. What was the *Plan de Ayala* and what was its central idea?
6. How did General Huerta become president of Mexico?
7. Why did Pancho Villa and Emiliano Zapata form an alliance against Carranza?
8. Why did Obregón revolt against Carranza and what was the result of his uprising?
9. Who was Vasconcelos and what did he do for Mexico?
10. What happened to Villa and Obregón?

Emiliano Zapata

1. What was Emiliano Zapata's home state?
2. Why did Zapata draft his *Plan de Ayala*?
3. What was Zapata's slogan?
4. How did Zapata die?
5. What rumors circulated following his death?

Pancho Villa

1. What was Villa's given name?
2. How did Villa get into trouble when he was only 16 years old?
3. When and where did Villa learn to write?
4. What was the name of Villa's revolutionary army?
5. Why did Villa remain a political threat even after he retired from public life?

Capítulo 1

(la) primavera *spring*
levantarse *to stand up*
orgullosamente *proudly*
(la) nieve *snow*
(el) almuerzo *lunch*
dentro (de) *inside (of)*

terco/a *stubborn*
tener ganas (de) *to want (to)*
(el) sur *south*
pobre *poor*
cerca (de) *near (to)*
nacer *to be born*

Es un día de primavera estupendo en Denver. En la distancia las Montañas Rocallosas se levantan orgullosamente. Los picos más altos todavía están cubiertos° de nieve aunque estamos a fines de mayo. °*covered*

Rita Martínez, una muchacha morena, linda y entusiasta, está sentada bajo un árbol durante la hora del almuerzo. Rita mira la sierra distante. Piensa en la pequeña y vieja foto que lleva dentro del medallón° de plata que cuelga sobre su corazón. Es una foto de su bisabuela Carmen que salió de México a los dieciocho años, a la misma edad de Rita. °*locket*

Todos dicen que Rita se parece tanto° a su bisabuela que la foto puede ser de ella. Rita aprieta° la foto y piensa: °*looks so much like* °*squeezes*

—Papá siempre bromea° que yo soy exactamente como mi bisabuela: viva y terca.° Tengo muchas ganas de saber más de ella. °*jokes* °*lively and stubborn*

Para su proyecto final en la clase de historia Rita investiga a Emiliano Zapata, héroe de la Revolución Mexicana de 1910. Es un proyecto de mucho significado personal para Rita. Como Emiliano Zapata, la familia de Rita es de Anenecuilco en el estado de Morelos, al sur de la Ciudad de México.

En 1913, las tropas federales invadieron Morelos. La bisabuela de Rita perdió contacto con su familia después que las tropas destruyeron su tienda de abarrotes° y llevaron de leva° a su esposo. Sin saber el destino de su familia, la bisabuela de Rita decidió escaparse a los Estados Unidos. °*grocery store* °*drafted*

Embarazada° y pobre, Carmen comió cuando pudo, y subió a los trenes cuando le fue posible, pero por seis meses simplemente caminó. °*Pregnant*

Finalmente, llegó a los Estados Unidos donde trabajó de campo en campo° hasta terminar en el Valle de San Luis de Colorado. Allí, ella trabajó del amanecer al anochecer° hasta comprar unas tierras cerca de Alamosa.

°*from field to field*

°*from dawn to dusk*

Al fin de dos décadas de sudor,° ella se compró una hacienda. Allí, nació el papá de Rita, Orlando Martínez. Luego, él conoció a María Luisa, la mamá de Rita, en la Universidad de Colorado. Ahora, todos viven en Denver.

°*sweat*

Each of the following statements is false. Rewrite each sentence, converting it to a correct statement:

1. Dentro del medallón de plata de Rita hay una foto de su hermana.

2. La bisabuela de Rita salió de México a los ocho años.
3. Todos dicen que Rita se parece mucho a su bisabuela porque tienen el mismo sentido del humor.
4. Rita investiga a Emiliano Zapata en la clase de historia porque él fue su bisabuelo.
5. La bisabuela de Rita es de la Ciudad de México.

Answer the following questions in complete sentences:

1. ¿Cómo es Rita Martínez físicamente, y en qué piensa?
2. ¿A qué edad salió de México la bisabuela de Rita?
3. Además de su apariencia física, ¿qué tienen en común Rita y su bisabuela Carmen?
4. ¿Por qué el proyecto final sobre Zapata tiene tanto significado para Rita?
5. ¿Qué destruyeron las tropas federales en 1913?
6. ¿Por qué huyó Carmen a los Estados Unidos?
7. ¿Cómo viajó Carmen a los EE.UU.?
8. ¿Dónde nació el papá de Rita?
9. ¿Dónde se conocieron los padres de Rita?
10. ¿Dónde vive su familia ahora?

Capítulo 2

llegar *to arrive*	**seguir (i)** *to follow*
sentarse (ie) *to sit*	**(el) ejército** *army*
(la) sangre *blood*	**perder (ie)** *to lose*
pensar (ie) *to think*	**escoger** *to choose*
(la) frontera *border*	**(la) costumbre** *custom*
luchar *to fight*	

Llega Cristina Morrison y se sienta al lado de Rita. Cristina tiene el pelo castaño° y los ojos verdes gracias a la sangre mexicana de su mamá y a la sangre irlandesa de su papá. Las muchachas son amigas desde la escuela primaria. °*chestnut*

Después de su graduación en junio ellas se van a Cuernavaca, capital del estado de Morelos. Existe un programa de intercambio° cultural entre Denver y Cuernavaca. °*exchange*

—Hola, Rita—dice Cristina. ¿Estás pensando otra vez en Morelos?

—¡Qué bien me conoces, Cristina!—contestó Rita. Pienso en el Popocatépetl y el Iztaccíhuatl, los famosos olcanes del Valle de México. Este verano va a ser fantástico. ¡Por fin voy a visitar la tierra de mi bisabuela!

—Me alegro. A diferencia de ti, yo tengo la oportunidad de pasar los veranos en casa de mi abuelita en Ciudad Juárez, justo al otro lado de la frontera.

—Cuéntame otra vez por favor esa romántica historia de cómo tu tía abuela° luchó con Pancho Villa—dijo Rita. °*great-aunt*

Cristina sonrió alegremente:

—Como sabes, en 1910, Francisco Madero declaró inválidas las elecciones presidenciales en las que el viejo dictador Porfirio Díaz "ganó" por octava vez. Después, siguieron diez años de revolución.

Había muchas soldaderas° en la Revolución; sobre todo en el ejército de Pancho Villa. Mi tía abuela luchó por muchos años con la famosa *División del Norte* de Villa. Cuando Villa perdió la Batalla de Celaya en 1915, ella huyó° a los Estados Unidos. °*There were many female soldiers*

°*fled*

—Y como tú eres fuerte e independiente como tu tía abuela, en la clase de historia escogiste escribir sobre Pancho Villa—terminó Rita.

—¡Qué bien me conoces a mí también!—contestó Cristina. Durante muchos de los años 1900, bastante gente de ascendencia mexicana en los EE.UU. perdió su español y sus viejas costumbres al adaptarse al nuevo país. Pero mi abuelo insistió en ser bilingüe y bicultural. Por eso, estoy orgullosa de mis raíces° mexicanas y tengo muchísimo interés en saber más sobre Doroteo Arango, a quien la historia conoce como Pancho Villa.

°*roots*

Each of the following statements is false. Rewrite each sentence, converting it to a correct statement:

1. Cristina Morrison es de ascendencia italiana.
2. El Popocatépetl y el Iztaccíhuatl son restaurantes muy famosos en la Ciudad de México.

3. En 1910, Pancho Villa comenzó la Revolución Mexicana cuando declaró inválidas las elecciones presidenciales.
4. La abuela de Cristina vive en Monterrey.
5. Doroteo Arango luchó con Pancho Villa.

Answer the following questions in complete sentences:

1. Físicamente, ¿cómo es Cristina Morrison?
2. ¿Adónde van a ir las muchachas después de su graduación?
3. ¿En qué está pensando Rita cuando Cristina se sienta a su lado?
4. ¿Dónde pasa los veranos Cristina? ¿Y con quién?
5. Según Cristina, ¿qué cosa importante hizo Francisco Madero en 1910? ¿Qué pasó después?
6. ¿Con quién luchó la tía abuela de Cristina?
7. ¿Cuándo y por qué la tía abuela de Cristina huyó a los EE.UU.?
8. Según Rita, ¿por qué escogió Cristina a Pancho Villa para su proyecto final?
9. Según Cristina, ¿por qué mucha gente de ascendencia mexicana perdió el español y sus viejas costumbres?
10. Según Cristina, ¿en qué insistió su abuelo?

Capítulo 3

cenar *to dine*
(la) lengua *language*
(la) guerra *war*
hoy *today*
(el/la) extranjero/a *foreigner*
sin *without*

recordar (ue) *to remember*
oír *to hear*
(el) cuento *story*
enseñar *to show, teach*
cerrar (ie) *to close*

Esa noche, Rita invitó a Cristina a su casa a cenar. Cristina les repitió a los papás de Rita la importancia, en su familia, del bilingüismo y del biculturalismo.

—¡Por supuesto!—dijo Orlando Martínez, el papá de Rita. La lengua y la cultura son muy importantes en esta familia también.

María Luisa, la mamá de Rita, interrumpió:

—En 1848, después de la guerra entre México y los Estados Unidos, lo que son hoy los estados de California, Nevada, Utah, y también partes de los estados de Arizona, Nuevo México, Wyoming y Colorado se convirtieron en territorios estadounidenses. Así, muchos mexicanos se hicieron° extranjeros ¡sin salir de su tierra!   °*became*

—Sí—afirmó Orlando. Insistimos en conservar nuestra herencia° mexicana porque nos ayuda a saber quiénes somos.   °*heritage*

—¿Recuerdas cómo de niña te gustaba oír° los cuentos tradicionales?—le preguntó María Luisa a Rita.   °*you liked to hear*

—¡Claro que sí!—contestó Rita. Recuerdo en particular la historia de la Llorona.

—Mi mamá me contó ese cuento a mí también—dijo Cristina.

—¡Ay, la pobre Llorona!—dijo Rita. ¡Ella ahogó° a sus hijos porque su esposo español la abandonó por una señorita española! Todavía pienso en sus lamentos° cuando hace viento en la noche. Las mamás dicen que si los niños no se portan bien° la Llorona se los va a llevar para reemplazar a sus hijos muertos.   °*drowned*   °*laments, cries*   °*behave themselves*

—Exactamente—dijo papá. Ese cuento nos enseña que tenemos que vivir con las consecuencias de nuestras acciones.

—Sí, es un cuento muy importante—comentó Rita. Pero, para nuestra familia, la historia de Nuestra Señora de Guadalupe tiene una importancia especial, ¿verdad, Papá? Durante la Revolución, Zapata luchó bajo el estandarte° de la Virgen de Guadalupe. Por favor, Mami, cuéntanos otra vez la historia de Nuestra Señora de Guadalupe.   °standard, banner

—Con mucho gusto, mi'ja—contestó su mamá y cerró los ojos antes de comenzar.

Each of the following statements is false. Rewrite each sentence, converting it to a correct statement:

1. Orlando Martínez piensa que no es muy importante ser bilingüe o bicultural.
2. Según Orlando, los cuentos tradicionales son importantes porque explican la historia del conflicto entre México y los EE.UU.
3. La Llorona sacó malas notas en la clase de español.
4. La historia de Nuestra Señora de Guadalupe tiene una importancia especial para los españoles.
5. Durante la Revolución, Zapata luchó bajo el estandarte de La Llorona.

Answer the following questions in complete sentences.

1. ¿Qué aspectos culturales son importantes tanto para la familia de Cristina como para la familia de Rita?
2. ¿Cuándo terminó la guerra entre México y los EE.UU.?
3. ¿Cómo es que muchos mexicanos se convirtieron en extranjeros sin salir de su país?
4. ¿Por qué afirma Orlando que es importante conservar la cultura mexicana?
5. ¿Cuál es el cuento tradicional que Rita recuerda en particular?
6. ¿Cuándo piensa Rita en la Llorona?
7. ¿Qué les dicen las mamás a los niños con respecto a la Llorona?

8. Según Orlando, ¿qué lección enseña la historia de La Llorona?
9. Según Rita, ¿por qué la Llorona ahogó a sus hijos?
10. ¿Por qué la historia de la Virgen de Guadalupe tiene una importancia especial para la familia de Rita?

Capítulo 4

caminar *to walk*   **(la) prueba** *test, proof*
callarse *to hush, be quiet*   **(la) tela** *cloth*
dulce *sweet*   **rezar** *to pray*
(la) nube *cloud*   **(el) sitio** *site, place*
volver (ue) *to return*

Una mañana fría de 1531, Juan Diego, un indio humilde, camina hacia la iglesia de Tlatelolco. Cuando sube la colina° del Tepeyec, Juan oye voces que cantan. °*hill*
Es una música increíblemente bonita. Cuando llega a la cumbre de la colina, las voces se callan. Hay un silencio absoluto. Entonces, Juan oye una voz muy dulce que lo llama: "Juan, Juan."

Juan ve una nube que brilla con los rayos de un arco iris.° La nube se transforma en una bonita india morena. °*rainbow*
Comprende inmediatamente que es un milagro° y se °*miracle*
pone de rodillas.° °*kneels*

—Juan, dijo la mujer—. Yo soy María, la madre de Jesucristo. Te escogí para una misión importante. Dile al obispo de la catedral que me tiene que construir una iglesia en esta colina. La iglesia va a simbolizar el amor que tengo para todos, indios y españoles.

Juan corrió a la catedral y les habló a los ayudantes del obispo sobre su mensaje importante. Los ayudantes se rieron° del indio pobre e ignorante. Pero Juan insis- °*laughed*
tió, y al fin, le permitieron ver al obispo. El obispo escuchó la historia de Juan pero no la creyó. Juan salió cabizbajo° de la catedral y volvió a la colina de Tepeyec. °*downcast*

—Oh, Santa Madre, ¡El obispo y sus asistentes se rieron de mí! No merezco° el honor de hablar con el °*I don't deserve*
obispo.

—Juan, estás bajo mi protección. Voy a hacer que el obispo te escuche. Ahora, vuelve a hablar con él.

Juan volvió al obispo y le repitió la historia. Otra vez el obispo no la creyó, pero para estar libre del indio persistente, le propuso una prueba° a Juan: °*proposed a test*
—Si es verdad lo que dices, Juan, tráeme una señal° °*sign*
que indique que el milagro es real. Si no puedes, no vuelvas a hablarme.

Juan volvió al Tepeyec. La Madre lo escuchó y luego, le dijo:

—Vete a la cima de la colina—. Aunque estamos en el mes de diciembre, allí vas a encontrar un rosal florecido.° Recoge y lleva las rosas al obispo y él te va a creer.

°*in bloom*

En la cumbre de la colina Juan sí encontró un rosal en plena flor.° Recogió las rosas en su tilma° y volvió a la catedral.

°*in full bloom*
°*a kind of poncho*

Cuando Juan llegó por tercera vez a la catedral, los ayudantes del obispo le dijeron:

—Si es verdad que tienes la señal, enséñanosla. Después, puedes ver al obispo.

Juan abrió su tilma y les enseñó las rosas. Ellos se maravillaron y trataron de tocarlas. Pero cuando extendieron la mano las rosas desaparecieron en la tela de

la tilma. Por eso, creyeron el milagro y llevaron a Juan
al obispo.

Cuando Juan abrió la tilma para enseñarle las rosas al
obispo, el obispo estuvo doblemente sorprendido.
Además de las rosas, vio en la tilma de Juan Diego la
imagen de la Madre de Dios. Al ver la santa imagen, el
obispo y sus ayudantes se pusieron de rodillas y rezaron.° °*prayed*

El obispo construyó una iglesia en el sitio donde
Juan vio a La Virgen Morena. Y desde entonces, la
gente puede visitar la iglesia en El Cerro del Tepeyec y
ver la tilma de Juan Diego con la santa imagen de la
Virgen Morena. Así es como la gente indígena de México llegó a tener su propia santa patrona.° °*patron saint*

Each of the following statements is false. Rewrite each sentence, converting it to a correct statement:

1. En 1531, Juan Diego fue el virrey de la Nueva España.
2. Cuando Juan sube a la colina del Tepeyec, él ve a personas que leen.
3. La nube misteriosa se convirtió en un soldado azteca.
4. La misión de Juan Diego fue hablar con el rey de España.
5. La segunda vez que Juan Diego fue a visitar al obispo le dieron un examen.
6. Juan Diego encontró oro en la cima de la colina.
7. Juan Diego escondió las rosas en su sombrero.
8. Cada vez que los asistentes del obispo trataron de tocar las rosas bonitas se dañaron con las espinas.
9. Una imagen de La Virgen Morena apareció en la tilma del obispo.
10. El obispo aceptó el milagro e hizo construir una iglesia en el sitio donde habló con Juan Diego.

Answer the following questions in complete sentences:

1. ¿Qué oyó y qué vio Juan Diego en la colina de Tepeyec?
2. ¿En qué se transformó la nube brillante?
3. ¿Quién fue la mujer que le habló a Juan?
4. ¿Para qué misión escogió la madre de Jesucristo a Juan Diego?
5. ¿Por qué Juan volvió cabizbajo a la colina del Tepeyec?

6. ¿Qué le propuso el obispo a Juan la segunda vez?

7. ¿Cuál fue la señal que la Madre le dio a Juan?

8. ¿Qué ocurrió cuando los asistentes del obispo trataron de tocar las rosas?

9. ¿Por qué el obispo estuvo doblemente sorprendido?

10. ¿Dónde puede ver la gente ahora la tilma de Juan Diego?

Capítulo 5

durante *during*

(la) época *age, epoch*

(el) siglo *century*

escrito/a *written*

devolver (ue) *to give back*

vestirse (i) *to dress*

(el) poder *power*

(la) bandera *flag*

pedir (i) *to ask for*

(la) vez *time, occasion*

evitar *to avoid*

prometer *to promise*

siguiente *following, next*

(el) soldado *soldier*

disparar *to shoot*

—¡Cuánto me gusta ese cuento!—exclamó Rita.

Cristina añadió:

—La Madre Morena° les dio a los indígenas una razón para aceptar la religión de los españoles blancos.

°*brown*

—Sí,—continuó su papá, pero no fue fácil para los indígenas durante la época colonial. Por ejemplo, durante tres siglos° la gente de Anenecuilco quiso° recobrar las tierras que les quitaron los hacendados. Esas tierras se las dio el virrey.° Lucharon durante trescientos años contra varios gobiernos, sin resultado. Rita interrumpió:

°*centuries* °*tried to*

°*viceroy*

—Y entonces, el *Charro de Charros*,° Emiliano Zapata, fue elegido *capuleque*° de Anenecuilco. Él estudió los papeles legales escritos en español y en náhuatl, la lengua de los aztecas. Luego, le mandó una petición al Presidente Díaz. Cuando Díaz no hizo nada, Zapata ocupó y redistribuyó al pueblo las tierras en cuestión. Poco después, Díaz tuvo que devolverle oficialmente el título legal al pueblo de Anenecuilco.

°*Cowboy of cowboys*

°*village council leader*

"En su época, a Emiliano Zapata, lo conocen en su pueblo por su talento de jinete,° y también, por su atractivo personal. Siempre se viste de charro con pantalones negros, sombrero de ala ancha,° botas negras, pañuelo° en el cuello y pistola en el cinturón.

°*horseman*

°*wide brim*

°*handkerchief*

"Zapata no deseó ni poder político ni riquezas personales; luchó por restablecer las tierras tradicionales. Puedo entender bien por qué Zapata luchó bajo la bandera de la Virgen de Guadalupe."

—En este momento no recuerdo bien los detalles,° °*details*
¿Sabes cuándo y cómo murió Zapata?—preguntó Orlando.

—¡Cómo no,° papá!—contestó Rita—pero es un °*of course*
poco complicado. Primero, Porfirio Díaz salió para París
y Francisco Madero se hizo° presidente. Pero como °*became*
Madero no hizo los cambios prometidos, los grandes
generales empezaron a luchar contra él.

"En febrero de 1913 el General Huerta, con el apoyo° °*support*
del embajador norteamericano, traicionó° a Madero. °*betrayed*
Después de mandar asesinar a Francisco Madero y a su
vice presidente, Huerta se declaró presidente.

—Sí—interrumpió Cristina. Luego, los generales se
unieron contra Huerta. En julio de 1914, los ejércitos
de Villa y Zapata ocuparon La Ciudad de México. Fue

la primera y la última vez que Villa y Zapata se encontraron.

—Exactamente—continuó Rita. De broma,° Villa se sentó en la silla presidencial e invitó a Zapata a tomar su turno. Zapata se negó.° Dicen que Zapata contestó que no tuvo interés en la política y que recomendó prenderle fuego° a la silla.

Un poco irritada por la crítica de Villa, Cristina volvió a interrumpir:

—Sí, por las diferencias entre ellos la alianza perdió fuerza. Zapata volvió a Morelos. Entonces, Carranza y Obregón pudieron vencer° a Pancho Villa. Por eso, mi tía abuela tuvo que salir para los Estados Unidos.

—¡Pero mi bisabuela tuvo que huir dos años antes!—dijo Rita, molesta.°

—¡Muchachas, por favor!—interrumpió María Luisa. No tienen que enojarse.°

—¡Ay, lo siento, mamá!—dijo Rita.

°As a joke, in jest

°refused

°burn

°defeat

°annoyed

°get angry with each other

—Yo también lo siento mucho—, añadió Cristina. Es que yo tengo mucho interés en Pancho Villa por las experiencias de mi tía abuela.

—Muchachas, no tienen que pedir perdón por su interés en México—replicó María Luisa. Orlando sólo quiere recordar lo que pasó con Zapata.

—Pues, comenzó otra vez Rita—la guerra entre Carranza y Zapata empieza en enero de 1916. En 1919, González, el general del ejército carrancista, tiene 30.000 tropas para la invasión de Morelos. Pero una y otra vez los zapatistas evitan la derrota° total.   °*defeat*

"Durante esa época, les llegaron a los zapatistas rumores de un conflicto entre el General González y el Coronel Guajardo. Zapata le escribió una carta al coronel invitándolo a unirse con los zapatistas. Pero González interceptó la carta. Se aprovechó de° la carta   °*took advantage of* y le hizo chantaje° a Guajardo. Lo acusó de ser traidor.   °*blackmailed* Por eso, Guajardo tuvo que cooperar con González o morir.

"Guajardo aceptó la oferta de Zapata. Le regaló un precioso caballo y prometió darle 12.000 cartuchos° al   °*cartridges* día siguiente en la Hacienda Chinameca.

"Zapata entró en la hacienda acompañado de sólo diez hombres. Los soldados del coronel le dieron un saludo de honor. Dos veces sonó° la corneta y dos veces   °*sounded* dispararon al aire. La tercera vez, cada uno le disparó a Zapata en la espalda. Ni siquiera tuvo tiempo de tocar su pistola: Zapata cayó muerto.

"No obstante,° el zapatismo sobrevivió° la muerte de   °*Nonetheless* su líder—siguió Rita. El lema° de Zapata, *Tierra y Li-*   °*survived* *bertad*, nunca murió. Poco después de la muerte de Za-   °*motto* pata, sus soldados se unieron con los obregonistas y vencieron a Carranza. Finalmente, en 1921, Obregón se hizo presidente y la Revolución terminó."

—Yo tengo muchas ganas de saber qué pasó en Anenecuilco después de la muerte de Zapata—dijo María Luisa.

—Y estas muchachas pueden saberlo este verano. Allí, en el estado de Morelos, van a tener una buena oportunidad de saberlo—dijo Orlando con ojos intensos.

—Esto es exactamente lo que pienso hacer—replicó Rita, devolviéndole la mirada intensa y apretando° fuertemente el medallón de plata con la mano derecha.   °*returning his intense look and squeezing*

Each of the following statements is false. Rewrite each sentence, converting it to a correct statement:

1. La Virgen Morena unió a los españoles.
2. Pancho Villa fue *El Charro de Charros* de Anenecuilco.
3. Emiliano Zapata fue famoso por su talento con los zapatos.
4. En 1913, el General Huerta traicionó al presidente Madero con el apoyo de Hernán Cortés.
5. En 1914, Villa y Zapata ocuparon Madrid.
6. Villa y Zapata le prendieron fuego a la silla presidencial.
7. Durante la invasión de Morelos, los zapatistas oyen que hay problemas entre el General González y el Presidente Carranza.
8. Zapata decidió reunirse con el Coronel Guajardo en la ex-Hacienda de Cortés.
9. Los zapatistas y los obregonistas se unieron para derrotar al Coronel Guajardo.
10. Rita piensa aprender más sobre Cuidad Juárez durante su viaje.

Answer the following questions in complete sentences:

1. ¿Qué efecto tuvo la Virgen de Guadalupe sobre los indígenas de México?
2. ¿Qué hizo Emiliano Zapata cuando el Presidente Díaz no contestó su petición?
3. ¿Qué fama tuvo Zapata en su pueblo?
4. ¿Por qué Zapata luchó en la Revolución?
5. ¿Qué contestó Zapata cuando Villa lo invitó a sentarse en la silla presidencial?
6. ¿Por qué las dos muchachas se enojaron?
7. ¿Por qué el General González pudo hacerle chantaje al Coronel Guajardo?
8. ¿Cómo mataron a Zapata los soldados de Guajardo?
9. Según Rita, ¿qué aspecto del zapatismo nunca murió?
10. ¿Por qué crees tú que nunca murió el zapatismo?

Capítulo 6

en medio de *in the middle of*
(el) lago *lake*
todo el mundo *everyone*
volar (ue) *to fly*
(la) serpiente *snake*

(el) dios *god*
allá *there*
dejar *to leave behind*
delante de *in front of*

El 20 de junio las recién graduadas miran por la ventanilla del avión que vuela sobre el Distrito Federal de México.

—¿Todo este valle es la Ciudad de México?—preguntó en voz alta Rita.

—Sí, es increíble, ¿verdad?—replicó Cristina. Antes, casi toda esta parte del Valle de México estuvo bajo las aguas de varios lagos. En una isla en medio del Lago *Texcoco*, los *mexica* construyeron su capital Tenochtitlán.

—¿Los *mexica*?—preguntó Rita. ¿Por qué dices *los mexica*? ¿No se llaman *aztecas*?

—Sí, todo el mundo conoce a la famosa tribu por ese nombre, pero en realidad, se llaman *los mexica*.

—¿Y cómo es que sabes tanto?—le preguntó Rita.

—No eres tú la única persona que tiene raíces mexicanas, ¿no?—contestó Cristina.

El avión sigue volando sobre edificios, carreteras, rascacielos y casas de todos los tamaños.° °sizes

—¿Recuerdas por qué en la bandera mexicana hay un águila que come una serpiente sobre un nopal?—le preguntó Cristina a Rita.

—Claro. Tampoco eres tú la única que tiene raíces mexicanas—dijo Rita y las dos se rieron. Luego, Rita continuó:

—Éste es el mito. Hace muchísimos años, los aztecas, o como dices tú, los *mexica* viven en *Aztlán*. El dios de la guerra, *Huitzilopochtli*, les dice que tienen que salir y buscar una nueva tierra. También les dice que van a poder reconocer la nueva tierra por ver en ella un águila que come una serpiente sobre un nopal. Cientos de años después, vieron esa señal en una isla del Lago *Texcoco* donde fundaron la gran *Tenochtitlán*.

—¡Muy bien hecho,° Rita!—exclamó Cristina. Ahora   °*Well done!*
tenemos que dejar esta ridícula competencia.

—Sí, sí, muy bien—contestó Rita. Por eso no te voy
a preguntar el significado de los tres colores de la bandera—dijo, con una chispa° en los ojos.   °*spark*

—¿Crees que yo no recuerdo? Pues, toma nota. La
bandera fue adoptada oficialmente después de la guerra
de independencia contra España. El blanco significa la
religión oficial, el catolicismo. El rojo representa el
poder de los criollos, o sea, la *élite* de ascendencia euro-
pea. El verde simboliza la monarquía.

—Y ahora en el siglo 21, no existen ni religión oficial, ni monarquía, ni clase criolla—terminó Rita.

—Bueno, basta. ¿Estamos a mano?°   °*Are we even?*

—Sí, Rita, estamos a mano—contestó Cristina. Y
también estamos por aterrizar.

Y unos segundos después las grandes ruedas del 757
tocan tierra. Después de pasar por la aduana,° las   °*customs*
muchachas buscan al representante del Centro Bi-
lingüe. Lo encuentran delante de la agencia de autos
Hertz. Es un muchacho joven y guapo que levanta un
cartel° con dos nombres escritos a mano: *Cristina Mor-*   °*sign*
rison y *Rita Martínez.*

Each of the following statements is false. Rewrite each sentence, con-
verting it to a correct statement:

1. La capital de los aztecas fue *Texcoco.*

2. Los *aztecas* se llaman en realidad los *zapotecas*.
3. Según el mito, *Tlaloc*, el dios de la lluvia, dice que los mexica tienen que salir de *Aztlán*.
4. El mito de los mexica está representado en el himno nacional de México.
5. Los tres colores de la bandera mexicana simbolizan las tres tribus importantes del Valle de México.

Answer the following questions in complete sentences:

1. ¿Qué día volaron las muchachas a México?
2. ¿Dónde estuvo antes *Tenochtitlán*, la capital de los *mexica*?
3. ¿Cuál es el nombre real de los aztecas?
4. ¿Dónde vivieron los *mexica* hace muchísimos años?
5. ¿Quién les dijo que tuvieron que encontrar una tierra nueva?
6. ¿Por qué los *mexica* decidieron fundar su capital en una isla en medio del Lago *Texcoco*?
7. ¿Qué significan los tres colores de la bandera mexicana?
8. ¿Por qué los colores de la bandera mexicana no simbolizan el México de hoy?
9. ¿Cómo es el muchacho que espera delante de la agencia de autos?
10. ¿Qué levanta el joven con las manos?

Capítulo 7

detrás de *behind*
único/a *only, sole*
sonreír (i) *to smile*
(la) altura *altitude*
(el) nivel *level*
(la) carretera *highway, road*
(la) lluvia *rain*
a la derecha *to the right*

(el) edificio *building*
(la) fuente *fountain*
(la) alberca *swimming pool*
(Mexico)
(la) colonia *neighborhood*
(Mexico)
(el/la) sobrino/a *nephew/niece*

—Hola. Somos nosotras—le dijo Cristina al acercarse al muchacho.

De cerca, el muchacho es aún más atractivo de lo que las muchachas pensaron. Es alto, delgado y fuerte con una sonrisa encantadora. Cada muchacha decide inmediatamente abandonar su tregua.°   °*truce*

—Hola, señoritas. Mi nombre es Rogelio Escobedo. Trabajo en la capital, pero como vivo en Cuernavaca me pidieron recogerlas. ¿Y ustedes? ¿Quién es quién?

Cristina se puso delante de Rita y extendió la mano:

—Yo soy Cristina—le dijo a Rogelio—y le besó el cachete° al mismo tiempo que él aceptó su mano.   °*cheek*

—Encantado, Cristina—dijo Rogelio. ¡Qué bonitos ojos tienes! Son tan verdes como las esmeraldas.

Rita se asomó por detrás° de Cristina y le dio la   °*reached around* mano a Rogelio también:

—Y yo soy Rita. Mucho gusto.

—Al contrario—le contestó Rogelio. El gusto es mío. ¡Qué bonito es ese medallón que llevas al cuello! Es mexicano, ¿no?

—Sí—contestó. Es mi único recuerdo de mi bisabuela. Ella salió de Morelos en 1913.

—Entonces, los dos somos morelianos—contestó Rogelio. ¡Tenemos mucho en común!

Rita y Rogelio se sonríen hasta notar que Cristina ya no° sonríe. Por unos segundos nadie dice nada. Luego,   °*no longer* Rogelio sugiere:

—Pues, se nos hace tarde. ¿Por qué no vamos a mi coche?

Una vez en el coche de Rogelio, los tres chicos cruzan las avenidas atestadas° de la Ciudad de México. Por la altura, más de 7.000 pies sobre el nivel del mar, no hace mucho calor en verano. Por fin, toman la carretera federal hacia el sur.

°congested

Los tres conversan alegremente hasta ver en la distancia el Valle de Morelos y la ciudad de Cuernavaca. Es una ciudad bonita y bastante montañosa construida sobre una serie de barrancas.°

°ravines

—¡Qué linda es esa ciudad!—exclamó Cristina.

—¡Mira, todo está muy verde también!—continuó Rita. ¡Hay flores bonitas por todas partes!

—Sí, es verdad—dijo Rogelio. El verano es la temporada de lluvias y todo está muy verde. Llueve casi todos los días, o por la tarde o por la noche. A Cuernavaca la llaman *La Ciudad de la Eterna Primavera.* Aquí, nunca hace ni mucho frío ni mucho calor.

—¿Por qué la ciudad se llama *Cuernavaca?*—preguntó Cristina. ¿*Cuerno de vaca?*°

°Cow's horn?

Rogelio sonrió antes de contestar:

—Es una pregunta muy buena. Éste es el caso. Después de la Conquista, los españoles no comprenden la palabra náhuatl para este lugar: *Cuauhnahuac.* En español significa *cerca del bosque.* Los españoles oyeron *cuerna vaca,* y por eso, así se llama la ciudad hoy.

Los chicos tomaron la Avenida Morelos hacia el sur. Un poco antes que la calle se convirtiera en la Avenida Emiliano Zapata, dieron vuelta° a la derecha.

°they turned

Ahora están en la Colonia de San Jerónimo. Pronto llegan al Centro Bilingüe, una colección de edificios bonitos, fuentes y albercas en medio de esa colonia tranquila. Rogelio, después de sacar del maletero el equipaje de las muchachas, les habló:

—El Centro Bilingüe las va a colocar° con su nueva familia mexicana. Yo tengo que comprar algunas cosas antes de volver a casa. Es un placer conocerlas.

°to place

Cristina se volvió rápidamente a Rogelio y le dio otro besito en la mejilla:

—Rogelio, ¿por qué no entras con nosotras? Puedes conocer a nuestra familia y saber nuestra dirección.

—Bueno, supongo que . . . —empezó a decir Rogelio.

—¡Fantástico!—interrumpió Cristina y lo tomó de la mano.

Rita los sigue hasta la oficina donde espera Inés Escobedo, la nueva *mamá* de las chicas. Después de conocer a Inés, Cristina le presenta a Rogelio. Inés sonríe y le dice:

—Gracias, Cristina, pero ya tengo el gusto de conocer al licenciado.° Luego, volviéndose hacia Rogelio le preguntó:

°*person with a university degree*

—¿Cómo estás, sobrino? Veo que te cayó la suerte hoy.° ¿Por qué no le dices a mi hermana que estás invitado a comer con nosotros mañana por la noche?

°*you got lucky today*

—Gracias, tía—contestó Rogelio, y le guiñó° un ojo. Me gusta la idea de ver a mis primos.

°*winked*

—No me sorprende—contestó sonriendo Inés.

Each of the following statements is false. Rewrite each sentence, converting it to a correct statement:

1. Rogelio trabaja en Cuernavaca y vive en el D.F.
2. La Ciudad de México está al nivel del mar.
3. A Cuernavaca la llaman *La Ciudad de la Eterna Lluvia.*
4. Rogelio salió del Centro Bilingüe sin despedirse de las muchachas.
5. Rogelio quiere ir a la casa a cenar porque ponen su programa de televisión favorito esta noche.

Answer the following questions in complete sentences:

1. ¿Por qué decidieron las muchachas dejar su tregua después de ver de cerca al muchacho?
2. ¿Qué hizo Cristina en el momento de encontrarse con Rogelio?
3. ¿Qué tienen en común Rogelio y Rita?
4. ¿Por qué no hace mucho calor en verano en la Ciudad de México?
5. ¿Qué nombre especial tiene la gente para Cuernavaca?
6. ¿Cuál es el origen de la palabra *Cuernavaca*?
7. ¿Cómo es el Centro Bilingüe?
8. ¿Por qué Cristina invitó a Rogelio a entrar con ellas al Centro Bilingüe?
9. ¿Cómo es que Inés Escobedo, la nueva mamá de las muchachas, ya conoce a Rogelio?
10. ¿Por qué crees tú que Inés invitó a Rogelio a cenar a su casa?

Capítulo 8

despertarse (ie) *to wake up*

divertirse (ie) *to enjoy oneself, have fun*

a veces *at times, sometimes*

mientras *while*

oscuro/a *dark*

vale la pena *it is worthwhile*

(el) rincón *corner*

(el) tema *theme*

apagar *to shut off*

platicar *to chat, talk*

le parece *it seems to him/her*

ganar *to earn*

ni . . . ni *neither . . . nor*

(el) conocimiento *knowledge*

casi *almost*

soñar con (ue) *to dream about*

emocionado/a *excited*

Las muchachas se acostumbran rápidamente a su nueva rutina diaria. Se despiertan a las 6:30, desayunan y toman un taxi a la Universidad Autónoma de Morelos. Allí, toman clases de 8 a 2. Después, vuelven a casa, almuerzan, hacen la tarea, y a eso de° las 6 o 7 de la tarde, salen a divertirse.   °*around, about*

A veces, van de compras en el gran centro comercial, Plaza Cuernavaca. Allí, hay cines, boutiques, grandes almacenes,° y restaurantes. Otras veces, van al centro a disfrutar de° la tradición histórica y cultural que ofrece la ciudad, como el Palacio de Cortés, la Catedral, y el Jardín Borda. El Jardín Borda, un lugar tranquilo y hermoso, les gustó mucho a los Emperadores Maximiliano y Carlota durante la ocupación francesa de México entre 1862 y 1867.   °*department stores* °*enjoy*

Los fines de semana, les gusta bailar en una de sus discotecas favoritas: Barba Azul, Ta'izz, Zumbale, o Baby Rock. Y siempre salen acompañadas de Rogelio, que no puede decidir a quién prefiere: la muchacha extrovertida de los ojos verdes o la guapa seria de familia moreliana.

Un día, Rogelio invitó a Sergio Cisneros, uno de sus amigos de trabajo en el D.F., a pasar el fin de semana con él en Cuernavaca. Los cuatro jóvenes decidieron salir a bailar.

En el coche, rumbo a° la discoteca, Rita observa a Sergio mientras él conversa con Rogelio y Cristina.   °*on the way to, heading toward*

Sergio es un muchacho delgado con ojos muy oscuros y una sonrisa tímida.

—¿Qué piensan de Cuernavaca?—les preguntó Sergio.

Como siempre, Cristina contestó primero:

—¡Nos encanta! Y en la Universidad de Morelos cada día es una aventura más. ¡Me fascinan las clases de historia!

Sergio contestó:

—Sí, es verdad. La historia de México es algo que vale la pena estudiar. Cada rincón del país tiene su cuento.

Rita añadió:°   °added

—A mí me interesa mucho el tema de la Revolución. Por eso, estoy tan contenta de estar en Morelos, la tierra de Emiliano Zapata.

Rogelio interrumpió:

—Entonces, tienes que visitar Anenecuilco. Es el pueblo de Emiliano Zapata, y también, de Sergio. No queda lejos de Cuernavaca.

—¿Es verdad? ¿Eres de Anenecuilco también, Sergio?—le empezó a preguntar Rita.

Antes que Sergio pueda contestar, Rogelio estacionó el coche y apagó el motor. Los cuatro se bajaron y entraron en la discoteca. A insistencia de Rita, se sentaron lo más lejos posible de la pista de baile. En ese momento ella no quiso bailar, sino platicar más con este muchacho de Anenecuilco.

Y a Sergio no le molesta sentarse solo con la morena de los ojos intensos, quien le parece extrañamente familiar.

Como consecuencia, cuando Rogelio y Cristina dejaron la mesa para la pista de baile, Rita y Sergio apenas lo notaron.

Rita empezó la conversación:

—¿Cómo conociste a Rogelio?

Sergio estudió un momento los ojos de Rita y luego contestó:

—Vengo de una familia de campesinos°. En el   °farmers
pasado un campesino pudo ganar bastante dinero para mantener a una familia, pero ahora no tenemos ni las

herramientas° ni los conocimientos modernos necesa-
rios para competir.

"Así, muchos jóvenes dejan con tristeza su pueblo y
se van al D.F. Muchos tratan de seguir una carrera en la
UNAM.° Se mantienen como pueden mientras estu-
dian. Pero, casi todo el mundo sueña con volver a su
pueblo algún día."

—¿Cómo conociste a Rogelio?—persistió Rita.

—Rogelio y yo nos conocimos en el trabajo. Sólo
que Rogelio, con su título universitario, tiene un buen
puesto en informática° mientras que yo . . .

Después de una pausa, Rita cambió de tema°. Sin
mencionarle que su propia familia es de Anenecuilco,
le preguntó:

—¿Y cómo es Anenecuilco, Sergio?

Y por su parte, Sergio cerró los ojos y sonrió por
primera vez:

—Como vienes de Denver, comenzó Sergio, seguramente no te va a impresionar. No hay ni rascacielos, ni

°*tools*

°*University of
México (La
Universidad
Nacional
Autónoma de
México)*
°*information science*
°*changed the subject*

centros comerciales, ni cines, ni discotecas. Pero lo que sí hay es paz, tierra, y lo más importante: familia.

Rita le preguntó con cuidado:

—¿Me puedes llevar a conocer tu pueblo, Sergio?

—Pues, sí, si quieres. A decir verdad, hace meses que no voy. Estoy ocupadísimo con el trabajo y los estudios.

Mañana es día de mercado. ¿Por qué no invitamos a Cristina y a Rogelio? Puedo avisarle por teléfono a mi mamá. ¡Ella va a estar emocionadísima!°   °*very excited*

Rita sonrió con emoción:

—Me parece estupendo—contestó.

Y luego añadió, tomándolo de la mano:

—¿Vinimos a hablar o a bailar? Mañana vamos a Anenecuilco, pero esta noche te voy a enseñar a bailar como bailamos en Denver.

Y Sergio se levantó rápidamente. No quiere perder ni un minuto de esta noche.

Each of the following statements is false. Rewrite each sentence, converting it to a correct statement:

1. A las muchachas les gusta jugar al tenis por la tarde.
2. El Jardín Borda les encantó a los presidentes de México.
3. Sergio y Zapata son de Cuernavaca.
4. Sergio no quiere sentarse con Rita porque no le gusta la chica.
5. Sergio fue al D.F. para trabajar en el campo.
6. Rogelio tiene un título universitario en arquitectura.
7. Sonrió Sergio con dulzura cuando Rita le habló de México, D.F.
8. En Anenecuilco, hay bonitos rascacielos y centros comerciales.
9. Si los cuatro van a Anenecuilco, la mamá de Sergio va a estar muy deprimida.
10. Sergio no tiene interés en bailar con Rita.

Answer the following questions in complete sentences:

1. ¿Cuál es la rutina diaria de Rita y Cristina en Cuernavaca?
2. ¿A Rita y a Cristina, qué les gusta hacer los fines de semana?

3. ¿Cuándo ocuparon México los franceses bajo los emperadores Maximiliano y Carlota?
4. ¿Adónde decidieron ir un fin de semana Rogelio, Sergio, Cristina y Rita?
5. En el coche, ¿a Rita, cómo le parece Sergio?
6. Durante el viaje a la discoteca, ¿por qué Rogelio menciona la idea de visitar Anenecuilco?
7. A Sergio, ¿cómo le parece Rita?
8. Según Sergio, ¿por qué muchos jóvenes dejan su pueblo y van al D.F.?
9. ¿Por qué piensa Sergio que a Rita no le va a gustar Anenecuilco?
10. ¿Por qué a Sergio le gusta muchísimo su pueblo?

Capítulo 9

(la) madera *wood*
(el) barro *clay*
(la) estrella *star*
orgulloso/a *proud*
por lo tanto *as a result*
(el) hombro *shoulder*
(estar) sorprendido/a *to be surprised*

agarrar *to grab*
arrastrar *to drag*
estacionar *to park*
soltar (ue) *to let go*
(estar) equivocado/a *to be mistaken*
meter *to put in*
gritar *to shout*

Al día siguiente, los cuatro jóvenes llegan muy temprano a Anenecuilco. Hay puestos° de todas clases en el centro. Los campesinos ofrecen sus cosechas.° Los artesanos venden artefactos hechos a mano. Hay máscaras de madera y de barro,° lunas y estrellas de latón,° artículos de cuero, vestidos bordados° con colores vivos, y platería muy fina. °stands °crops °clay °tin °embroidered

—¡Miren lo organizado que está todo esto!—gritó Cristina. ¿Estos puestos son permanentes?

Muy orgulloso de su pueblo, Sergio contestó:

—No, Cristina, no son permanentes, pero cada semana la gente sabe cómo y dónde organizar el mercado. Es una tradición que data del gran tianguis, o mercado, de los *mexica*.

Y Rogelio continuó:

—Lo que es hoy La Plaza de las Tres Culturas, o *Tlaltelolco*, en la Ciudad de México fue el sitio del gran tianguis. Allí puedes ver un gran rascacielos moderno, una iglesia española colonial y los cimientos° de una antigua pirámide mexica. Es un símbolo visual de quienes somos los mexicanos modernos. °foundations

—Gracias por hablarnos de Tenochtitlán, Rogelio. Ahora tengo mucho interés en conocer el pueblo de Sergio—dijo Rita al mirar los ojos oscuros de Sergio.

Después de pasearse por el mercado, las muchachas quieren regatear° mientras que los muchachos prefieren tomar un refresco. Por lo tanto, deciden reunirse a la una en el área de los zapateros. Después van a conocer a la familia de Sergio. °bargain

Al estar solas, Cristina y Rita aclaran entre ellas que Cristina prefiere a Rogelio mientras que a Rita le gusta más Sergio.

A eso de las doce y media, las muchachas hablan con un cartonero° cuando llegan cuatro muchachos mexicanos. El primero, un joven de mirada intensa y hombros fuertes, se acerca a Rita:

°papier maché artist

—Prima, hace más de una hora que te buscamos. ¿No recuerdas que toda la familia come junta hoy en casa de tía Eloísa? Ella nos mandó encontrarte.

Rita está tan sorprendida que no sabe qué decir.

—¿Qué esperas, Carmencita?—le preguntó con impaciencia su *primo*. ¿Y dónde compraste esos pantalones norteamericanos?

Por fin Rita intentó aclarar la situación:

—No sé a quién buscas, pero yo no soy esa persona.

—Sí, nosotras somos de Denver—añadió Cristina. Yo soy Cristina y ella se llama Rita.

El joven contestó:

—Y si ella no es de aquí, ¿por qué habla español exactamente como nosotros?

Rita sonrió con alivio:

—Eso es porque mi familia es originalmente de Morelos.

—Ya lo sé—contestó el *primo*. Y luego, volviéndose a sus primos les dijo:

—Ahora, muchachos, agárrenla. Se nos hace tarde y tía Eloísa no le aguanta bromas a nadie.° °*doesn't suffer fools lightly*

Y luego, los cuatro primos sujetaron por las manos a Rita y la arrastraron a un coche estacionado cerca.

—Suéltenla—insistió Cristina, tratando de jalar° a Rita en dirección opuesta. °*to pull (Mex.)*

—¡Están equivocados!—gritó Rita resistiendo con toda su fuerza. ¡Soy Rita Martínez, no su prima Carmencita!

Pero los jóvenes simplemente se sonrieron y la metieron dentro del coche. Después, todos se subieron.

Un muchacho bajó la ventanilla, y al salir gritó sarcásticamente:

—Hasta luego, *Cristina de Denver*. ¡Mucho gusto en conocerte!

Each of the following statements is false. Rewrite each sentence, converting it to a correct statement:

1. La tradición del *tianguis* data de los mayas.
2. La Plaza de las Tres Culturas es simbólica del estado de Morelos.
3. Con respeto a los muchachos, Cristina y Rita no pueden aclarar quién prefiere a quién.
4. Unos muchachos agarran a Rita porque creen que ella es su hermana Carmencita.
5. Rita decidió acompañar a los muchachos.

Answer the following questions in complete sentences:

1. ¿Qué cosas se venden en los puestos de Anenecuilco?
2. ¿Qué fue el *tianguis?*
3. ¿Dónde está la Plaza de las Tres Culturas y qué hay allí?
4. ¿Por qué es esa plaza simbólica del México moderno?
5. Según el muchacho de hombros fuertes, ¿por qué buscan los muchachos a Rita?
6. ¿Con quién confunden a Rita?
7. ¿Por qué piensa el muchacho que Rita es de Morelos?
8. ¿Adónde arrastraron los muchachos a Rita?
9. ¿Cómo trataron Rita y Cristina de resistir a los muchachos?
10. ¿Qué le dijo a Cristina uno de los muchachos después de bajar la ventanilla?

Capítulo 10

abrazar *to hug*
espalda *back*
animadamente *in lively fashion, animatedly*
agitado/a *agitated, upset*
travieso/a *mischievous*
tener prisa *to hurry*
aguantar bromas *to tolerate, endure*

saludar *to greet*
boquiabierto/a *open-mouthed, surprised*
parecerse a *to resemble, look like*
intentar *to try (to)*
suspirar *to sigh*
darse vueltas *to spin, turn around*
seriamente *seriously*

Cristina no sabe qué hacer. Mira su reloj. La una menos cinco. Corre hacia los zapateros. Se siente mucho mejor cuando ve que Sergio y Rogelio ya están allí. Llega sin aliento.° Rogelio la abraza:

°*breathless*

—¿Qué te pasa, Cristina? Estás pálida.

Cristina trató de hablar:

—¡Se ... lle ... va ... ro ... na ... Ri ... ta!—logró decir.

Sergio la tomó de los hombros y casi le gritó:

—¿Qué dices? ¿Dónde está Rita? ¿Quiénes se la llevaron? ¡Dímelo, ahora!

Cristina contestó lo mejor que pudo:

—E ... nel ... pues ... to ... de ... los ... car ... to ... ne ... ros.

Inmediatamente, Sergio corre hacia los cartoneros. Rogelio y Cristina siguen. Cuando llegan, Sergio, de espaldas a ellos, conversa animadamente con un artesano. Después, él se vuelve y pueden ver que está sonriendo. Rogelio y Cristina están completamente confundidos. Sergio les habló:

—Rogelio y Cristina. Quiero presentarles a don Teófilo, el mejor cartonero de Morelos. De joven, yo solía° pasar los fines de semana con él en este mismo° puesto. Rogelio, todavía confundido, aceptó la mano que le ofreció el maestro. Luego Rogelio le dijo al cartonero:

°*I used to* °*same, very*

—Quiero presentarle a mi novia Cristina.

Cristina está tan agitada que casi no nota cuando Rogelio la llama su *novia*:

—Mucho gusto, maestro.

Luego, Sergio les explicó:

—Don Teófilo dice que es verdad que cuatro jóvenes se llevaron en su coche a Rita. Sólo que el maestro no la llama *Rita*, sino *Carmencita*. Él dice que no es la primera vez que ve una escena igual. Esa Carmencita es una muchacha terca a quien le gusta salirse con la suya.°

—¿Y Rita?—se apresuró° a preguntar Cristina.

Sergio contestó con calma:

—Los muchachos pensaron que la llevaron a casa de su tía Eloísa.

—¿Y sabes dónde vive ella?—preguntó con impaciencia Rogelio. ¿Hay peligro?

—Para ella, lo dudo—contestó Sergio con su sonrisa traviesa. Para nosotros, posiblemente. *Tía Eloísa* es mi mamá. Y si no tenemos prisa, vamos a llegar tarde. Y todo el mundo sabe que tía Eloísa no le aguanta bromas a nadie.

Rogelio y Cristina se miraron. En ese momento una joven muy guapa se acercó al puesto de don Teófilo y lo saludó sin mirar a los tres jóvenes:

—Hola, don Teófilo. ¿Qué hay de nuevo?

Don Teófilo la miró con sorpresa y luego contestó:

—Pero, Carmencita. ¿Qué haces aquí? ¡Tus primos acaban de llevarte° a casa de tu tía Eloísa!

La muchacha frunció la frente°:

—¡Ay, no! ¡Se me olvidó! ¡Tía me va a querer pegar° de seguro! ¡Adiós, don Teófilo!

Rogelio y Cristina quedan boquiabiertos. La muchacha se parece muchísimo a Rita, no hay duda. Cuando la muchacha intenta irse, Sergio le cierra el paso. Ella lo mira, y luego, suspira con impaciencia:

—Sergio, ¡Ya estás aquí! ¡Qué gusto me da verte después de tanto tiempo! Pero en este momento tengo prisa. Tu mamá me espera para celebrar la cena de tu regreso.

—Carmencita, ¿eres tú?—empieza a preguntar Sergio. Pero cuando salí para el D.F., eras sólo una niña.°

°*likes to have things her way*

°*hurried, hastened*

°*just took you*
°*wrinkled her brow*
°*spank*

°*you were just a little girl*

Carmen se dio unas vueltas delante de él:

—Nueve meses no pasan en vano, ¿verdad?

Rogelio se volvió a Sergio y le preguntó seriamente:

—Dime, Sergio. ¿Qué es lo que pasa aquí? ¿Te olvidaste ya de Rita?

Sergio le contestó de una manera igualmente seria:

—¡Vamos al coche inmediatamente! Les explico todo de camino a mi casa. Y luego añadió misteriosamente para sí:

—Ahora entiendo por qué Rita me pareció familiar desde el primer momento . . . .

Each of the following statements is false. Rewrite each sentence, converting it to a correct statement:

1. Cristina no pudo encontrar a Sergio y a Rogelio.
2. Don Teófilo dice que cuatro muchachos se llevaron a Cristina a casa de la tía Eloísa.
3. La tía Eloísa es la esposa del presidente de México.
4. Carmencita se parece mucho a Cristina
5. Todavía no sabe Sergio por qué Rita le pareció familiar desde el primer momento.

Answer the following questions in complete sentences:

1. ¿Adónde corrió Cristina y qué le dijo a Rogelio?
2. ¿Por qué se confundieron Cristina y Rogelio cuando alcanzaron a Sergio en el área de los cartoneros?
3. ¿Qué es lo que Cristina casi no notó cuando Rogelio le presentó a don Teófilo?
4. Según Sergio, ¿qué escena vio don Teófilo?
5. Según don Teófilo, ¿cómo es Carmencita?
6. ¿Quién es la tía Eloísa?
7. ¿Quién llegó al puesto de don Teófilo en ese momento y por qué él se sorprendió?
8. ¿Quién es Carmencita?
9. ¿Por qué Sergio no reconoció inmediatamente a Carmencita?
10. Al final del capítulo, ¿de qué se dio cuenta Sergio?

Capítulo 11

asiento *seat*	**esconder** *to hide*
(el/la) pariente *relative*	**morir (ue)** *to die*
(la) muerte *death*	**en seguida** *immediately*
(el/la) gemelo/a *twin*	**darse cuenta** *to realize*
(el) marido *husband*	**debajo (de)** *under, beneath*
matar *to kill*	

Una vez en el coche de Rogelio, Sergio se volvió en
su asiento a hablar con Cristina:

—¿Recuerdas como te dije que hay historia en cada
parte de México? Pues, mi prima Carmencita que está
sentada a tu lado, es un poco de historia viva.°   °living history

Carmencita interrumpió:

—Sergio me llama *prima*, pero en realidad, no
somos parientes. Él me llama así porque su familia me
crió° después de la muerte de mi mamá.   °raised me

Sergio añadió:

—La familia de Carmencita sufrió mucho a causa de
la Revolución.

Carmencita interrumpió de nuevo:

—Los viejos dicen que antes de la Revolución mi
bisabuela Edmunda y su hermana Carmen eran° casi   °were
gemelas: físicamente similares e inseparables. ¡Incluso
se embarazaron° más o menos al mismo tiempo!   °became pregnant

"Luego, durante la invasión de Morelos en 1913
hubo mucha confusión. Muchos pensaron que las
tropas capturaron al marido de Carmen y lo llevaron
de leva.° Otros dijeron que lo mataron bajo *la ley fuga*.°   °drafted him °a law
Edmunda y Carmen tuvieron que esconderse en las   *that allowed*
montañas. Allí se separaron y perdieron contacto.   *soldiers to shoot*
Luego, Carmen simplemente desapareció y todos con-   *prisoners in the*
cluyeron que se murió."   *back for allegedly*
    trying to escape

"Sin su hermana mi bisabuela Edmunda nunca
volvió a ser la bella y alegre muchacha de antes.
Cuando tuvo su hija, mi abuela, la llamó *Carmen* en
honor a su amada hermana. Así, el nombre *Carmen*
llegó a ser una tradición en mi familia."

Sergio continuó la historia:

—Fue muy triste cuando los papás de Carmencita se murieron en un accidente automovilístico.

Carmencita siguió:

—La mamá de Sergio, tía Eloísa, me recogió en seguida y me aceptó como miembro de su propia° familia.   °*own*

Y Sergio interrumpió:

—Ahora todos la queremos mucho—aunque es bastante testaruda° a veces—dijo tomándole el pelo° a Carmencita.   °*hard-headed* °*pulling her leg*

De repente, Cristina, quien escuchó en silencio toda la historia triste de la familia de Carmencita, preguntó con mucha urgencia:

—¿Cuándo vamos a llegar, Sergio? Tengo que hablarte de una vieja foto que está dentro de un medallón de plata.

Sergio se dio cuenta de que ella había comprendido° lo que él concluyó antes en el centro: °*had figured out*

—¿Es que quieres hablar de un medallón que siempre lleva sobre el corazón una muchacha que se parece mucho a Carmencita?

Ella sonrió y le contestó:

—Sí, hablo de una foto vieja y de una muchacha que se parece tanto a Carmencita que puede pasar por ella.

Comprendiendo ahora también, Rogelio preguntó:

—¿Es una méxicoamericana que tiene un interés enorme en Emiliano Zapata?

Carmencita los miró a todos un poco irritada por no comprender:

—Primo, ¿No quieres explicarme qué es lo que pasa aquí? ¿Por qué todos hablan con rodeos°?   °*circles*

Y sacando por debajo de su blusa un medallón de plata, añadió:

—Todos saben que siempre llevo colgado sobre el corazón un medallón de plata con la foto de mi bisabuela Edmunda.

Each of the following statements is false. Rewrite each sentence, converting it to a correct statement:

1. La bisabuela de Carmencita sufrió mucho antes de la Revolución
2. Cuando su hermana Carmen desapareció, Edmunda se puso contenta.
3. Edmunda llamó a su hija Frida en honor a Frida Kahlo.
4. La mamá de Rogelio crió a Carmencita después que sus papás murieron.
5. Sergio, Cristina y Rogelio se dan cuenta de que Rita y Carmencita son hermanas.

Answer the following questions in complete sentences:

1. ¿Por qué Sergio dice que Carmencita es su prima?
2. ¿Cómo se llama la bisabuela de Carmencita?
3. ¿Qué tiene en común su bisabuela Edmunda con su tía bisabuela Carmen?
4. ¿Qué pasó con Carmencita durante la Revolución?
5. ¿Por qué el nombre *Carmen* llegó a ser una tradición en la familia de Carmencita?
6. ¿Cómo murieron los padres de Carmencita?
7. De repente, ¿qué quiere discutir Cristina con Sergio?
8. ¿Quién es la muchacha que se parece muchísimo a Carmencita?
9. ¿Por qué Carmencita se enojó con todos en el coche?
10. ¿Qué lleva Carmencita siempre sobre el corazón?

Capítulo 12

secuestrar *to kidnap*
feroz *ferocious*
adelantarse *to step forward*
(el) suelo *floor, ground*
(la) mejilla *cheek*

(el) espejo *mirror*
quedarse *to stay, remain*
susurrar *to whisper*
cariño *affection, love*

Cuando llegaron a casa de Sergio, todos se bajaron del coche y se apresuraron° a la puerta. Les abrió el *primo* que secuestró a Rita en el zócalo.° °hurried °main square

Al verlo, Cristina siente correr por su espalda un escalofrío,° pero ahora él no parece tan feroz como antes. Sergio se adelantó: °chill

—Cristina, Rogelio: Este es Marcos, mi primo hermano.° Marcos, ¿dónde está la norteamericana? °first cousin

Con la vista en el suelo, Marcos contestó:

—Todos están en el comedor.

Sergio, Cristina, Rogelio, y Carmencita entraron a la casa. En el comedor encontraron a la familia de Sergio sentada a la mesa grande. Su mamá, una mujer bonita y alegre, se levantó y le besó la mejilla:

—¡Por fin llegas, hijo! ¿Por qué no me mencionaste anoche tu secreto increíble? ¡Fíjate° que después de tantos años! °Just imagine!

Sergio tardó un segundo en contestar. Buscó con sus ojos a Rita y la encontró sentada al lado de su papá. Estaba° radiante. Con los ojos fijos todavía en Rita, le contestó a su mamá: °She was

—Yo no me di cuenta antes de esta mañana en el centro.

—Yo comprendí en el coche hace dos minutos—dijo Rogelio.

Y Cristina interrumpió:

—Tampoco sabía yo.° Pero el medallón de plata fue la clave.° ¡Fíjese, señora, que después de tantos años! °I didn't know either °key, solution

Carmencita no pudo contenerse más y gritó:

—¿Por qué todo el mundo tiene tanto interés en mi medallón de plata?

Todos miran a Rita. Carmencita se calla y sigue los ojos de su familia. Por fin, ve que hay una desconocida° en casa de su tía Eloísa. Pero no es una desconocida muy desconocida. La muchacha que le devuelve la mirada tiene el mismo pelo moreno, la misma cara fuerte y linda, ¡y el mismo medallón de plata colgado del cuello! Carmencita tiene la sensación de que se mira en el espejo. No sabe qué decir.   °*stranger*

Rita se levantó y caminó hasta Carmencita. Sin hablar, abrió su medallón de plata y le enseñó a Carmencita el interior.

Carmencita los miró a todos:

—Pero, ¿cómo es que esta chica tiene una foto de mi bisabuela?—les preguntó.

Rita le contestó:

—No es tu bisabuela. Es Carmen, mi bisabuela. Ella fue la hermana querida de tu bisabuela Edmunda, ¡y

también fue tu tocaya!° Tú te llamas *Carmen* en honor a ella. ¡Mucho gusto en conocerte, prima!

°*person with the same first name*

Rita la abrazó fuertemente, y después que Carmencita escuchó toda la historia, las dos se abrazaron una y otra vez.

A eso de las diez, Rogelio y Cristina se despidieron° de todos, abrazados. Sergio decidió quedarse otro día antes de volver al D.F.

°*said good-bye*

Cuando se encontraron solos Eloísa se acercó a Rita y le susurró al oído:°

°*in her ear*

—Rita, tu familia todavía tiene una presencia aquí en Carmencita. En el futuro, no pienso perderte de vista, excepto cuando estés con tus papás en Colorado.

Rita le contestó, pero con los ojos en Sergio:

—No te preocupes. Creo que voy a pasar mucho tiempo en Anenecuilco en el futuro. Además de° ser el pueblo de mi bisabuela Carmen, mi prima Carmencita y mi héroe Emiliano Zapata, es el pueblo de otra persona muy importante para mí—y miró con mucho cariño a Sergio.

°*In addition to, besides*

Each of the following statements is false. Rewrite each sentence, converting it to a correct statement:

1. Cuando llegan a casa de la tía Eloísa, nadie está allí todavía.
2. Todos tienen interés en el medallón de Carmencita porque vale mucho dinero.
3. Las fotos dentro del medallón de Rita y Carmencita son de la misma mujer.
4. Rogelio y Cristina se pelearon y dejaron de ser novios.
5. Rita no piensa volver a Anenecuilco porque no tiene nada que ofrecerle.

Answer the following questions in complete sentences:

1. ¿Quién les abrió la puerta cuando todos llegaron a casa de Sergio?
2. Según Cristina, ¿qué cosa fue la clave del misterio?
3. ¿Quién es Marcos, el muchacho que secuestró a Rita?
4. ¿Por qué Carmencita se enojó otra vez?
5. ¿Qué sensación tiene Carmencita cuando mira a Rita?

6. ¿De quién es la foto dentro del medallón de Rita?
7. ¿Y de quién es la foto dentro del medallón de Carmencita?
8. ¿Cuál es la relación familiar entre Rita y Cristina?
9. ¿Por qué la tía Eloísa dice que la familia de Rita todavía tiene su presencia en Anenecuilco?
10. ¿Qué piensas? ¿Por qué piensa Rita volver con mucha frecuencia a Anenecuilco?

Una visita a Cuba

The Cuban Revolution

Fidel Alejandro Castro Ruíz graduated from the University of Havana Law School in 1950. He planned to campaign for a seat in the parliamentary election of 1952, but General Fulgencio Batista overthrew President Carlos Prío Socarrás and canceled the election.

Castro protested that Batista had violated the constitution, but the court rejected his claim. Castro then launched an attack against the military in Santiago de Cuba on July 26, 1953. Over half of Castro's band was captured or killed. Castro was judged guilty of treason and sentenced to fifteen years in prison.

In 1955, Batista announced a general amnesty for all political prisoners. Castro fled to Mexico where he met Argentine Marxist Ernesto "Che" Guevara. On December 2, 1956, Castro returned to Cuba with his brother Raúl, Che Guevara, and nine other rebels. Castro then took cover in the Sierra Maestra Mountains while gathering volunteers for the guerrilla campaign that would ultimately topple Batista.

By mid-1958, Batista's government had lost most of its support in Cuba and abroad. When the United States ceased to ship arms to the Cuban military, Castro's guerrilla troops fanned out over the island in open rebellion. On January 1, 1959, Batista fled to the Dominican Republic and Castro stepped in to fill the vacuum.

In December 1961, Castro announced that Cuba would become a socialist nation. Tensions developed between the United States and Cuba when Castro began seizing U. S. businesses in Cuba. The United States had already placed a partial trade embargo on Cuba, prohibiting the importation of all items except food and medical supplies.

In 1961, the CIA conceived a plot to overthrow Castro. CIA-trained anti-Castro Cubans were to invade the country without revealing U.S. involvement in the operation. On April 17, 1961, about 1,500 Cuban exiles, armed with U.S. weapons, landed at *La Bahía de Cochinos* (Bay of Pigs). President Kennedy, probably fearing negative international press, cancelled the insurgents' promised air support. When the fighting ended on April 19, about 100 exiles lay dead and the rest had been taken prisoner.

In 1962, the Soviet Union and the United States nearly went to war over the deployment of Soviet nuclear warheads in Cuba. After three tense weeks of negotiation, the USSR agreed to remove the missiles. In return, the United States secretly promised to remove its missiles from Turkey.

With the USSR's economic support, Castro subsequently dedicated himself to exporting revolution. Che Guevara headed to

Bolivia, but the Bolivian army captured and executed him within a year. Cuban troops and advisors participated in leftist uprisings in Angola, Nicaragua and El Salvador.

The collapse of the USSR in 1991 left Cuba without its major economic ally. As the economic crisis deepened in 1992–1993, Castro began to allow foreign companies to construct tourist resorts along Cuba's miles of unblemished shoreline.

Answer in Complete Sentences:

The Cuban Revolution

1. When and why did Fidel Castro first protest the Batista presidency?
2. What did Castro do in retaliation after the court rejected his claim against Batista?
3. When and why did Castro flee to Mexico?
4. What crucial individual did Fidel Castro and his brother Raul meet while in Mexico?
5. What kind of resistance did Fidel Castro organize after returning to Cuba in 1956?
6. When and why did Batista flee Cuba?
7. What was the *Bay of Pigs* incident?
8. Why did the USA and the USSR nearly go to war in 1962?
9. To which countries did Castro attempt to export his communist revolution?
10. What has Cuba done to keep itself economically afloat following the collapse of the USSR?

Capítulo 1

(el/la) gemelo/a *twin* = (el/la) mellizo/a
fuera (de) *outside (of)* *dentro *inside*
próximo/a *next* = siguiente
dejar de + inf. *to cease to . . .* = cesar de + inf.
recordar (ue) *to remember* *olvidar *to forget*
susurrar *to whisper* = hablar en voz baja
quedarse *to remain, stay* *marcharse *to leave, go away*
(el) gobierno *government* = (la) administración
quitar *to remove, take away* *poner *to put*
(la) fábrica *factory* = (la) factoría
todavía *still, yet* *ya no *no longer*
colocar *to place* = poner
alzar *to raise* *bajar *to lower*

Era el año 1994. Curt Holguín y su hermano gemelo Javier estaban en su clase de historia de los Estados Unidos (EE.UU.). Fuera de la escuela nevaba mucho. Era el mes de febrero en Denver, y los dos esperaban con impaciencia el verano. El próximo año iban a graduarse de la escuela secundaria y los dos querían estudiar historia en la universidad.

En la clase, el profesor Wagner hablaba de los días de octubre cuando, en 1962, el presidente Kennedy de los EE.UU. y Krúchef, el primer ministro de la Unión Soviética, impidieron una guerra nuclear en el último momento.

—La Unión Soviética dejó de existir en el año 1991, pero cuando yo era joven, el país representaba una gran amenaza° para los EE.UU.—dijo el señor Wagner con voz dramática. °*threat*

"Fidel Castro y sus guerrilleros tomaron control de Cuba en 1959. Poco después, Castro se declaró comunista. Luego, permitió a su aliado° comunista, Krúchef, poner en tierra cubana cohetes° atómicos, ¡a sólo 90 millas del estado de Florida! Afortunadamente, Krúchef quitó los cohetes cuando el presidente Kennedy se lo pidió." °*ally* °*missiles*

Curt y Javier conocían bien la historia.

—¿Recuerdas?—le susurró Curt a su hermano. Cuando Fidel Castro tomó control de Cuba, nuestro papá, un niño de diez años, salió para Costa Rica con sus hermanas. Nuestros abuelos tuvieron que quedarse en Cuba casi año y medio más porque el gobierno no les permitió acompañar a sus hijos.

—Exactamente—contestó Javier. Dice Abuelita que en los primeros meses de Castro nuestro abuelo comprendió rápidamente que un régimen° comunista no necesitaba a capitalistas como él. Pronto, le quitaron su fábrica de colchones° y su restaurante. Luego, nuestros abuelos decidieron escaparse a los Estados Unidos. Todos lograron° escaparse excepto tío Luis, que está todavía en Cuba.

°regime,
   government
°mattresses

°managed

—Sí,—continuó Curt. En Miami, Abuelito tuvo que trabajar de lavaplatos hasta que *El Refugio Cubano* lo colocó en Denver. Por eso, ahora vivimos aquí.

El profesor Wagner alzó la voz:°   °*raised his voice*

—Veo que esta lección les interesa mucho a los hermanos Holguín—. Y entonces miró a toda la clase. ¿Saben ustedes que su papá, Juan Holguín, es de Cuba? Él es capitán de bomberos° en Denver y un buen   °*firefighters* amigo mío. Creo que lo voy a invitar a la clase para hablar con nosotros sobre sus experiencias como cubano en los Estados Unidos.

Preguntas de comprensión

Contesta con frases completas:

1. ¿Dónde estaban Curt y Javier? ¿Qué tiempo hacía?
2. ¿Cuándo dejó de existir la Unión Soviética?
3. ¿Cuándo tomó Fidel Castro control de Cuba?
4. ¿Quién era Krúchef y qué puso en Cuba? ¿Por qué eran aliados Castro y Krúchef?
5. ¿Por qué Krúchef quitó los cohetes?
6. ¿Cuántos años tenía Juan Holguín cuando salió de Cuba? ¿Por qué no lo acompañaron los abuelos?
7. ¿Qué trabajo tenía el abuelo en Cuba? ¿De qué trabajaba en Miami?
8. ¿Quién se quedó en Cuba?
9. ¿Por qué los chicos vivían ahora en Denver?
10. ¿Qué dijo el profesor Wagner sobre Juan Holguín, el papá de los gemelos, al resto de la clase?

Capítulo 2

contar (ue) *to tell* = **decir**

(el) país *country* = **(la) nación**

no obstante *nonetheless* = **sin embargo**

(el) nacimiento *birth*   *__(la) muerte__ *death*

(el) cariño *affection, love* = **(el) afecto**

mayor *older*   *__menor__ *younger*

profundo/a *deep* = **hondo/a**

cambiar de tema *to change the subject* = **hablar de otra cosa**

al principio *at first*   *__al final__ *at the end, conclusion*

darse cuenta *to realize* = **comprender**

(la) llegada *arrival*   *__salida__ *departure, exit*

(la) esclavitud *slavery*   *__(la) libertad__ *freedom*

dirigir *to direct* = **administrar, guiar**

(el) cielo *heaven*   *__(el) infierno__ *hell*

a lo largo de *throughout, during* = **durante**

siglo *century* = **cien años**

Esa noche Curt y Javier tuvieron mucho que contar a su familia durante la cena.

—¿Saben qué?—empezó Curt enérgicamente. Tenemos que saber más sobre la vida de nuestra familia en Cuba.

—¡¡Sí!!—interrumpió Javier. El profesor Wagner dijo que los eventos en Cuba eran una parte importante de la historia de los Estados Unidos. Queremos saber más de nuestros dos países.

—¡Qué bueno!—contestó Abuelita. Aunque llevo más de treinta años en este país, mi corazón está todavía en Cuba. Nosotros, los cubanos, preferimos estar en nuestro país, pero es imposible con la situación política. Mi querido esposo murió sin poder volver a ver su país. No obstante, yo espero volver algún día. Quiero ver otra vez mi ciudad y la casa de mi nacimiento. Sobre todo, quiero ver a mi hijo Luis y conocer a mis nietas.

—Tranquila, mamá—dijo con cariño su hijo Juan. Yo también quiero volver para ver a mi hermano mayor y para conocer a mis sobrinas, pero con la actual°   °*present, current* situación política tenemos que esperar un poco más. Además, tengo mi vida aquí en Denver. Soy americano y cubano. Mi esposa es americana y aunque ella y nuestros dos hijos hablan perfectamente el español, nuestras raíces estadounidenses son profundas y fuertes."

—Cuéntanos de Cuba y de los viejos tiempos, Abuelita—interrumpió Javier, cambiando de tema.

—Con mucho gusto—dijo Abuelita. Nosotros, los cubanos, tenemos una gran historia de heroísmo y resistencia. Luego, cerró los ojos por un momento antes de comenzar:

—Primero, los españoles dominaron la isla por cientos de años. Cuando llegó Colón al Caribe en 1492, llamó *indios* a los habitantes de las islas porque al principio pensó que estaba en La India. Después, se dio cuenta de que ésa era una tierra diferente. La gente que los españoles encontraron en el Caribe no tenía nombre. Hoy día, la llamamos *taínos*.

"Poco después de la llegada de los españoles, los taínos empezaron a morirse en números grandes. Muchos preferían el suicidio sobre la esclavitud.° °*slavery* Otros abandonaban sus pueblos y les pegaban fuego a sus cosechas. Pero lo peor fue la viruela.° Los pobres °*smallpox* taínos no pudieron sobrevivir la peste° de la viruela °*pestilence* y miles murieron en las primeras décadas de la Conquista.

"Un cacique (o líder) taíno, Hatuey, se escapó de los españoles en La Isla de la Española (hoy Haití y la República Dominicana) y fue a Cuba donde dirigió una guerrilla contra los invasores. Al final, Hatuey fue traicionado y los conquistadores lo quemaron vivo.

"Antes de la muerte de Hatuey, un cura trató de convertirlo. Hatuey contestó que si los españoles iban al cielo, él prefería no ser bautizado porque no quería estar entre ellos; prefería ir al infierno.

"Esta noble y valiente resistencia cubana duró a lo largo de los siglos. En la época moderna José Martí luchó por una Cuba libre. Por eso, lo llamamos el padre de la patria. Él pasó casi toda su vida fuera de Cuba porque los españoles lo expulsaron por sus actividades pro-Cuba. Por fin, Martí volvió a Cuba en 1895 para luchar contra los españoles. Pero murió un mes después en la Batalla de Dos Ríos. Él nos dejó numerosos poemas, ensayos y una novela. Y, claro, algunos versos de su poema *Versos sencillos* se hicieron famosos en la canción llamada *Guantanamera*."

Luego, Abuelita empezó a recitar de memoria:

Yo soy un hombre sincero,
De donde crece° la palma.   °*grows*
Yo soy un hombre sincero,
De donde crece la palma.
Y antes de morirme, quiero,
Cantar mis versos del alma.

Mi verso es un verde claro
Y de un carmín encendido.
Mi verso es un verde claro
Y de un carmín encendido.
Mi verso es un ciervo herido°   °*wounded deer*
Que busca en el mundo amparo.°   °*shelter*

Por los pobres de la tierra
Quiero mi suerte echar.
Por los pobres de la tierra
Quiero mi verso echar.
Y el arrullo° de la sierra   °*lullaby*
Me complace° más que el mar.   °*pleases, satisfies*

Preguntas de comprensión

Contesta con frases completas:

1. ¿Por qué los gemelos querían saber más sobre las experiencias de su familia en Cuba?
2. Según Juan Holguín, ¿por qué era imposible volver a Cuba ahora?
3. ¿A quiénes quería ver Abuelita?
4. ¿Quería Juan volver a Cuba a vivir? ¿Por qué?
5. ¿Cómo llamamos hoy a las personas que encontró Colón?
6. ¿Por qué murieron miles y miles de taínos?

7. ¿Quién se escapó hacia Cuba de la Isla de la Española?
8. ¿Qué dijo Hatuey antes de ser quemado vivo?
9. ¿Quién se consideraba el padre de Cuba?
10. ¿Cómo se llamaba un libro de poemas famoso de Martí?

◈

Capítulo 3

empezar (ie)   *to begin*   =   **comenzar**
llenar   *to fill*   ***vaciar**   *to empty*
cambiar   *to change*   =   **modificar**
perder (ie)   *to lose*   ***ganar**   *to win*, **obtener**   *to obtain, get*
por fin   *finally*   =   **finalmente, al fin**
menor   *younger*   ***mayor**   *older*
además   *besides, in addition*   =   **en adición**
orgullosamente   *proudly*   ***modestamente**   *modestly*
esconder   *to hide*   ***hallar**   *to find*
compartir   *to share*   =   **dividir**
debido/a (a)   *due to*   =   **a causa de**
intentar   *to try to*   =   **tratar de + inf.**
(el/la) mellizo/a   *twin*   =   **(el/la) gemelo/a**

Después de recitar los versos, Abuelita siguió hablando:

—En 1898, Los Estados Unidos tomó posesión de Cuba y empezó a controlar la isla directa e indirectamente hasta el régimen de Castro.

Los ojos de Abuelita se llenaron de lágrimas y ella tuvo que callarse por un momento. Después, continuó:

—Era el año 1958—comenzó ella. Su abuelito y yo teníamos una buena vida en La Habana. Nuestra fábrica de colchones y nuestro restaurante funcionaban estupendamente y nosotros vivíamos bien, pero mucha gente vivía mal bajo el gobierno de Batista. Entonces, el joven Fidel Castro, con sus guerreros bajaron del monte, tomaron control de la isla, y todo cambió para nosotros.

—Yo todavía lo recuerdo bien—suspiró° su hijo   °sighed
Juan. Primero, perdimos la fábrica, luego el restaurante, y por fin las cuentas bancarias.° Al fin, cuando   °bank accounts
salimos para Costa Rica la familia ya no tenía nada.

—Sí, exactamente, hijo—contestó Abuelita. Y como no teníamos pases para mí y para Abuelito, tú y tus hermanas menores tuvieron que irse sin nosotros. ¡Qué día tan triste! Por fin, casi año y medio después, tu papá y yo nos fuimos también, pero Luis, tu hermano mayor tuvo que quedarse y vivir con mi hermana Alicia. Ahora Luis está casado y tiene familia.

"¡Pero hace más de treinta años que no veo a mi hijo mayor y todavía no conozco a mis nietos! Además, recibo pocas cartas; sólo cuando el gobierno lo permite."

—Bueno, mamá, ahora estamos bien aquí en Denver y como se dice: "Agua pasada no mueve el molino"— comentó tristemente Juan. ¡Ojalá papá y Luis nos vieran ahora!

—Sí, hijo, tu papá, que en paz descanse, tiene que estar mirándote orgullosamente. ¡Capitán de bomberos y padre de familia!

—Gracias, mamá. Y gracias por hablar de aquellos tiempos. Sé muy bien que es difícil para ti hablar de eso.

—Ay, hijo. No sabes cómo me gustaría volver y buscar ese colchón en nuestra casa donde tu papá escondió mis diamantes. Es mi gran sueño poder compartirlos con mis hijos y con mis nietos. Todavía los recuerdo muy bien. Son los diamantes más finos que jamás he visto,° la herencia° de mi bisabuela.

"Después de la revolución, muchos jóvenes pobres se unieron al nuevo gobierno. Un niño de nuestro barrio, Roberto Caucho, llegó a ser importante en la nueva policía secreta de Castro. Aunque no pasaba de los veinte años, subió de rango rápidamente debido al talento que tenía para encontrar las riquezas que la gente intentaba no perder.

"Ese Robertito buscaba mis diamantes, pero nunca los encontró. Seguramente están todavía en el colchón con la etiqueta° especial que mandó preparar en la

°*I have ever seen*
°*inheritance*

°*tag*

fábrica su abuelito. Esa etiqueta tiene la forma de nuestra bandera: una estrella blanca en un campo rojo con rayas° blancas y azules. Ese colchón tiene que estar en el desván° de la antigua casa".   °*stripes* °*attic*

—Mamá, no vuelvas a pensar en él otra vez. Robertito siempre fue cruel; sólo que después del cambio de gobierno su crueldad le sirvió como agente secreto. ¿Y los diamantes? ¿Tú crees que nuestra familia tenga todavía ese colchón viejo? Olvida eso, mamá. No sirve para nada pensar en eso.

Curt y Javier se miraron intensamente en ese momento, y como mellizos° que eran, no tenían que comunicarse con palabras. Ya tenían un plan en mente.   °*twins*

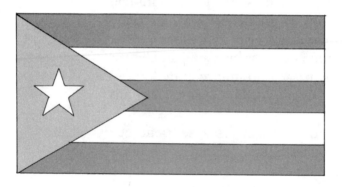

Preguntas de comprensión

Contesta con frases completas:

1. ¿Cómo vivían los abuelitos en 1958? ¿Por qué vivían así? ¿Por qué muchos vivían mal?
2. ¿Por qué la familia no tenía nada cuando salió para Costa Rica?
3. ¿Qué sabía Abuelita con respecto a su hijo Luis?
4. ¿Dónde estaban los diamantes? ¿Por qué pensaba Juan que era una mala idea pensar en los diamantes?
5. En tu opinión, ¿qué plan tenían en mente Curt y Javier?

Capítulo 4

tener ganas de + inf. *to want to* = **tener deseos de + inf.**
último/a *last* ***primero/a** *first*
los demás *the others* = **los otros**
(los/las) familiares *relatives* = **(los/las) parientes**
dejar: *to leave behind* = **olvidar**
enviar *to send* = **mandar**
es una lástima *it's a pity* ***es fantástico** *it's fantastic*
entender (ie) *to understand* = **comprender**
tratar de + inf. *to try to . . .* = **intentar**

Una semana después, Juan, el papá de los gemelos visitó la clase de historia para hablar de Cuba y de su familia. Toda la clase tenía muchas ganas de saber, de primera mano, como el gran conflicto entre el comunismo y el capitalismo había afectado a la gente cubana.° °*had affected the Cuban people*

Fue la última clase del día y Juan, Curt y Javier se quedaron en la clase con el señor Wagner después de que se fueron los demás° estudiantes. °*the other*

—¡Gracias, extraordinario!—comentó el profesor Wagner. Seguir tu presentación es mil veces mejor que leer un libro. Es muy importante que uno conozca su historia familiar. En mi caso, sé que mis antepasados° °*ancestors* son de Alemania,° pero eso es todo. °*Germany*

—Yo—respondió Juan, además de tener familiares en Cuba, los tengo en España también. Después de vivir muchos años en los EE.UU., por fin recibimos algunos de los artículos que dejamos° en Cuba después °*we left behind* de la revolución. Mi hermano Luis, que está todavía en Cuba, se los mandó primero a nuestros parientes en Madrid. Luego, ellos nos los enviaron° a nuestra casa °*sent* aquí en Denver.

—Es increíble todo eso—comentó el señor Wagner. Y ustedes, Curt y Javier, ¿no tienen ganas de ir a Cuba y a España? Pueden conocer las raíces de su familia.

Curt y Javier se miraron extrañamente antes de contestar. Por fin, Curt comenzó:

—Sí, claro, profesor. Aunque Castro permite ahora cartas entre nosotros, los cubanos de los EE.UU. y los de la isla, tenemos en Cuba tíos y primos que todavía no conocemos. Es una lástima no poder visitarlos.

—Yo no puedo—dijo Juan. Tengo muchas responsabilidades aquí con el trabajo. Prefiero esperar. Pero, muchachos, ¿qué les parece la idea? Otra vez Curt y Javier intercambiaron una mirada secreta antes de contestar.

—¡Sí! ¡Queremos ir lo más pronto posible!

—Según entiendo—contestó el señor Wagner, ahora es posible visitar por un tiempo limitado si uno tiene familia inmediata allí. Hay un vuelo especial entre Miami y La Habana. Juan, chicos, ¿por qué no tratan de pedirle al gobierno un pase especial para ir a Cuba?

Preguntas de comprensión

Contesta con frases completas:

1. Además de Cuba, ¿dónde tenía familiares Juan?
2. ¿A quiénes podían conocer Curt y Javier si visitaban Cuba?
3. ¿Para quiénes era posible ir a Cuba a visitar por un tiempo limitado?
4. ¿Dónde había un vuelo especial?
5. ¿Por qué Juan no quería volver a Cuba en ese momento?

Capítulo 5

hacer las maletas   *to pack* = **empacar**
hacer falta   *to need, not have* = **no tener**
conseguir (i)   *to get, obtain* = **obtener**
reparar   *to repair* = **arreglar**
funcionar   *to work, function*   ***romper**   *to break*

Seis meses después, Curt y Javier ya tenían el permiso de los dos gobiernos, el estadounidense y el cubano, para visitar a su tío Luis en La Habana. Ahora estaban de vacaciones y hacían las maletas para su viaje. Hablaban de la ropa que iban a llevarse.

—Este traje azul marino es mi favorito, sobre todo con esa corbata roja—dijo Javier. ¿Qué te parece?

—Pienso que el clima de Cuba es tropical—contestó Curt. Yo voy a llevar el traje de baño, pantalones cortos y muchas camisetas. Tú puedes ser el más guapo, pero yo voy a ser el más práctico.

En este momento, entró su mamá, seguida de Abuelita.

—Abuelita tiene varias cosas que necesitan sus tíos en Cuba—dijo su mamá. En Cuba, les hacen falta muchas cosas° a causa del bloqueo económico. Abuelita quiere sorprender a los tíos con algunas cosas de los Estados Unidos. Por eso, traigo dos cafeteras° nuevas y varias latas° de café, leche condensada, y sopa.

—¡Ay, mamá!—gritó Curt. ¡No voy a tener lugar en la maleta para mi nuevo traje de baño!

—Además—continuó su hermano, tenemos que cargar° las cosas que compró papá. Él dijo que los coches americanos que tenían allí eran de antes de la revolución y que no podían conseguir las partes necesarias para repararlos. Aquí tengo un carburador nuevo para el De Soto '57 de Abuelito, por ejemplo. Según papá, la familia todavía usa ese coche; es decir, que lo usan cuando funciona.

Abuelita los miró severamente y los chicos se callaron.

°*they need a lot of things*
°*coffee pots*
°*tin cans*

°*take along, carry*

—Muy bien—dijeron los dos, y pusieron las latas en las maletas ¿Cuándo llega papá para llevarnos al aeropuerto?

Preguntas de comprensión

Contesta con frases completas:

1. ¿Qué hacían Curt y Javier seis meses después?
2. ¿Por qué pensó Curt que el traje de Javier no era necesario? ¿Qué pensaba llevar Curt?
3. ¿Por qué Mamá y Abuelita tenían cosas para los parientes en Cuba? ¿Qué cosas tenían?

4. ¿Por qué a Curt no le gustó tener que llevar más cosas a Cuba?

5. ¿Qué tenían que llevar a Cuba de parte de su papá y por qué?

Capítulo 6

(los) recuerdos *memories* = **(las) memorias**
la niñez *childhood* *__la vejez__ *old age*
contar (ue) con *to count on* = **depender de**
a lo mejor *probably* = **probablemente**
amargo/a *bitter* *__dulce__ *sweet*
sacar *to take out* *__meter__ *to place*
peligroso/a *dangerous* *__seguro/a__ *safe*
a la vez *at the same time* = **al mismo tiempo**
vigilar *to guard, observe* = **observar**
acabar en *to end up in* = **terminar en**
(la) cárcel *prison* = **(la) prisión**
(la) patria *homeland* = **(el) país**
lleno/a *full* *__vacío/a__ *empty*
(la) casualidad *coincidence* = **(la) coincidencia**

Los chicos volaron a Miami acompañados de su padre. Durante el vuelo, Juan les habló a sus hijos por primera vez de los recuerdos más íntimos de su niñez en La Habana.

—El mejor amigo de mi niñez fue José Cruz— comenzó Juan. Él vivía con sus padres al lado de nuestra casa en La Habana. Ahora está casado y tiene dos hijas. Tienen que ir a conocerlo. Y si necesitan algo, si tienen algún problema, o si están en peligro, cuenten con José. Y una cosa más: olviden lo del colchón y lo de los diamantes. A lo mejor son una invención de Abuelita para poder vivir con los recuerdos amargos de los buenos tiempos antes de Castro. Y recuerden también que no deben tratar de sacar nada del país; es muy peligroso. Los oficiales de los aeropuertos son expertos y seguramente los van a atrapar a ustedes si intentan pasar algo. ¿Entendido?

—De acuerdo—contestaron los dos a la vez. Pero Juan no vio la mirada misteriosa que una vez más cambiaron los gemelos.

En La Florida los muchachos iban a hacer un vuelo de treinta y cinco minutos desde Miami a La Habana, pero las diferencias culturales entre los dos países eran más grandes que las noventa millas que separaban las dos ciudades. Antes de subir al avión, Juan les habló con voz seria:

—Ahora, recuerden nuestra conversación—les dijo Juan. Los guardas los van a vigilar mucho. No deben hacer nada fuera de lo ordinario, o pueden acabar en la cárcel. Yo los quiero mucho y estoy muy orgulloso de ustedes. Hoy van a volver a la cuna° de nuestra familia. Pórtense bien° y recuerden que son representantes no sólo de nuestra familia, sino también, de nuestra nueva patria.

°*cradle*
°*Behave yourselves*

—Adiós y no te preocupes, papá—dijo Curt, dándole un abrazo. Gracias a ti sabemos portarnos bien.

—Adiós, papá—repitió Javier. Y después de besar a su papá, añadió: "Nosotros también estamos muy orgullosos de ti."

Juan Holguín se sentía muy contento al ver subir a sus hijos al avión. Juan notó que uno de los pasajeros, un hombre bien vestido y de avanzada edad, lo recordaba a alguien. Trató de pensar a quién, pero pronto dejó de pensar en el hombre.

Durante el corto viaje, los hermanos Holguín se sentaron al lado del hombre bien vestido que llevaba una cartera llena de documentos.

—¿Son ustedes de Cuba o de Los Estados Unidos?— el hombre les preguntó.

—Somos de Denver, pero nuestro padre es de Cuba—contestó Curt. Ahora vamos a La Habana para conocer por primera vez a nuestros parientes.

—Ah—empezó el hombre. Ahora es posible tener más contacto entre los dos países. El Comandante permite visitas entre familias.

—¿El Comandante?— preguntó Curt.

—Sí, El Comandante Fidel Castro, padre de nuestra revolución—contestó el hombre bien vestido. Yo soy funcionario del gobierno revolucionario y cada semana vuelo entre La Habana y Miami, por razones oficiales—dijo, y tocó con la mano su cartera.

Javier y Curt se miraron sin hablar. ¿Un funcionario sentado al lado de ellos? ¿Es sólo una casualidad? Ellos decidieron no hablar más de sí mismos° y terminaron el vuelo en silencio. °about themselves

Preguntas de comprensión

Contesta con frases completas:

1. ¿Adónde volaron los chicos con su papá?
2. ¿Quién era José Cruz?
3. En tu opinión, ¿qué tipo de persona era José?
4. ¿Qué les dijo Juan Holguín a sus hijos con respecto al colchón?
5. ¿Y qué les dijo Juan a sus hijos con respecto a los oficiales del aeropuerto en La Habana?
6. ¿Por qué estaba Juan orgulloso de sus hijos?
7. ¿Con quién se sentaron los gemelos durante el vuelo a Cuba?

8. ¿A qué se dedicaba el hombre que se sentó al lado de ellos?
9. ¿Quién era "el Comandante?"
10. ¿Por qué los hermanos decidieron no hablar más con el señor bien vestido?

Composición:

Capítulos 1–6

Contesta las siguientes preguntas en forma de tres párrafos, siguiendo el orden de las preguntas.

1. ¿Quiénes eran Curt y Javier y por qué empezaron a pensar en Cuba?
2. ¿Quiénes eran Castro y Krúchef y por qué eran aliados?
3. ¿Qué puso Krúchef en Cuba? ¿Por qué los quitó?

* * *

4. ¿Cómo era la vida que tenía la familia Curt y Javier en Cuba?
5. ¿Cuántos años tenía Juan Holguín cuando salió de Cuba?
6. ¿Por qué la familia ya no tenía nada cuando salió de Cuba?
7. ¿Quiénes estaban todavía en Cuba y por qué?
8. ¿Dónde dejó Abuelita los diamantes de su bisabuela?
9. ¿Quería Juan volver a Cuba a buscarlos? ¿Por qué?
10. ¿Por qué Curt y Javier se miraron intensamente después de saber de los diamantes?

* * *

11. ¿Cómo supieron los gemelos que había un vuelo semanal entre Miami y La Habana? ¿Quiénes podían viajar?
12. ¿Cuáles fueron las dos razones por las que los gemelos decidieron visitar Cuba?
13. ¿Qué cosas se tuvieron que llevar a Cuba y por qué?
14. ¿Qué consejos les dio su papá sobre los diamantes, los policías cubanos, y José Cruz antes de su partida (departure)?
15. ¿Qué ocurrió durante el vuelo a La Habana?

Capítulo 7

abrazar *to hug* = **rodear con los brazos**
(el) equipaje *luggage* = **(las) maletas, (los) baúles, etc.**
desgraciadamente *unfortunately* *afortunadamente
fortunately
cuidadosamente *carefully* = **con cuidado**
enfrente (de) *in front of* = **delante (de)**
lindo/a *pretty* *feo/a *ugly*
(la) joya *jewel* = **(la) gema**
a menudo *frequently* = **frecuentemente**
(el) tema *subject* = **(el) sujeto**
trasero/a *rear, back* *delantero/a *front*

Cuando bajaron del avión en La Habana los esperaban su tío Luis y su familia. Todos abrazaron a los
jóvenes y les besaron las mejillas.

—Sobrinos—dijo el tío Luis. Quiero presentarles a
mi familia. Primero, mi esposa Elena, y después mis
dos hijas Marisol y Carmen. Y como ustedes son gemelos tienen que decirnos quién es quién.

—Yo soy Curt y éste es mi hermano Javier. Y tío, tú
eres el hermano mayor de nuestro papá, ¿verdad?
Y Marisol y Carmen, ustedes son nuestras primas.
¡Qué fantástico es poder conocerlos después de tantos
años!

Y estas palabras de Curt causaron más abrazos y más
besos.

—¿Y cómo está mi hermano menor, su papá?

—Papá está muy bien—contestó orgullosamente
Javier.

—Sí, está muy bien—añadió Curt. Ahora es capitán
de bomberos.

—¡Qué bueno!—dijo el tío Luis. ¡Yo también estoy
muy orgulloso de su papá!

Los gemelos se miraron y sonrieron. Estaban muy
contentos.

—Y ahora—dijo Marisol—tienen que recoger el
equipaje, y luego vamos a casa en taxi.

—Desgraciadamente—comentó el tío, tenemos que ir en taxi. Hace mucho tiempo que el De Soto no funciona.

—¡Tenemos buenas noticias!—exclamó Javier. Tenemos en las maletas el carburador que ustedes necesitan. ¡Dentro de poco, el De Soto sí va a funcionar!

Y con estas últimas palabras de Javier todos se abrazaron y se besaron otra vez.

—¿Dónde recogemos el equipaje?— preguntó Curt después.

—Están con los oficiales—contestó tía Elena. Tienen que inspeccionar cuidadosamente todas las maletas. Ahora es posible viajar en avión desde los EE.UU., pero nuestro gobierno no permite contrabando. Los oficiales son muy estrictos.

Curt y Javier se miraron, pero no dijeron nada. En ese momento sólo querían conocer más a su familia y su querida Cuba.

Después que los chicos recogieron sus maletas, la familia salió a la acera.° °*sidewalk*

—¡Qué tiempo más bonito hace hoy!— dijeron los dos hermanos a la vez.

—Sí, el clima de Cuba es el mejor del mundo—comentó su prima Carmen. Yo creo que les va a gustar muchísimo. Sobre todo, después de pasar el invierno en Colorado.

Luego, toda la familia se subió a un taxi estacionado enfrente del aeropuerto. Javier y Curt miraban a su alrededor.° °*looked around/ about themselves*

—Mira allí—dijo Javier. Creo que es un Chevrolet Impala '58.

—Sí, lo veo—contestó su hermano. Y luego añadió, ¡Mira allí, tú! Es un Plymouth '59. ¡Mira como brilla la pintura!° Parece como nuevo. °*paint*

—Sí, comentó el tío Luis. Desde 1960 es imposible importar productos de los Estados Unidos, y por eso, tenemos que vivir con lo que tenemos. En particular, los taxistas son bastante creativos en encontrar cómo mantener sus viejos coches americanos sin acceso a una tienda de partes automovilísticas.

A Curt y a Javier les gustó mucho ver los antiguos edificios de la capital.

—¡Qué bonito es todo!— exclamó Javier.

—Gracias, primo—contestó Marisol. Nosotras estamos muy orgullosas de nuestro país. Tiene una historia muy linda. Durante los siglos del imperio español, Cuba era la joya del Nuevo Mundo.

—Es muy fácil entender por qué—comentó Curt. ¡Miren aquel edificio grande y bonito!

—Sí—dijo el tío Luis. Es el antiguo palacio del presidente. Fue desde el balcón de ese edificio donde Fidel Castro anunció su triunfo en 1959.

—¿Y qué significan las palabras de ese letrero° allí?— preguntó Curt. Dicen "Resistir, Luchar y Vencer."°

°*sign*
°*"Resist, Fight and Win"*

—Es el nuevo lema° de la patria—respondió tía   °*slogan*
Elena. Ahora que no existe la Unión Soviética no tenemos mercados para nuestros productos principales, el
tabaco y el azúcar. Los tiempos son muy difíciles. A
menudo, las tiendas están casi vacías. Por eso El Comandante dice que tenemos que ponernos fuertes y
firmes tras° la causa revolucionaria. Por eso nuestro   °*behind*
nuevo eslogan es "Resistir, Luchar y Vencer".

Los gemelos decidieron no hablar más del tema.
Ahora estaban muy contentos de tener en sus maletas
todas las latas y las partes automovilísticas de Denver.

Nadie vio el coche que los seguía hasta la casa, ni al
hombre bien vestido, que, sentado en el asiento trasero,
los observaba con unos binoculares pequeños.

Preguntas de comprensión

Contesta con frases completas:

1. ¿Era el tío Luis mayor o menor que el papá de los gemelos?
2. ¿Cómo se llamaba su tía? ¿Cómo se llamaban sus primas?
3. ¿Por qué tuvieron que ir a casa en taxi?
4. ¿Cómo inspeccionaban los oficiales las maletas en el aeropuerto? ¿Qué es contrabando?
5. ¿Qué tiempo hacía hoy en Cuba?
6. ¿Qué coches viejos vieron Curt y Javier de camino a la casa
   de sus tíos?
7. ¿Por qué estaban orgullosas de su país las primas?
8. ¿Qué importancia histórica tenía el palacio del presidente?
9. ¿Por qué Cuba ya no tenía grandes mercados para sus productos cuando llegaron Curt y Javier?
10. ¿Qué es lo que no vieron los chicos?

Capítulo 8

lentamente *slowly* = **despacio**
guardar *to keep* = **conservar**
(los) muebles *furniture* = **(el) sofá, (la) silla, etc.**
divertirse (ie) *to enjoy oneself* *__aburrirse__ *to get bored*
A ver *Let's see* = **Vamos a ver**
el piso *floor* = **el suelo**
meter *to put in* *__sacar__ *to take out*

Al día siguiente los hermanos compartieron con sus parientes las cosas que trajeron en sus maletas. Todo el mundo estuvo contento de recibir artículos que les hacían muchísima falta,° sobre todo el tío Luis: °*that they needed*

—Ahora mismo° voy al garaje a trabajar sobre el De   °*Right now*
Soto. Voy a tener listo el coche para el almuerzo.

—Ay, tío, me agrada mucho° verte tan feliz—co-   °*it makes me happy*
mentó Javier.

—Y yo también estoy muy contenta—dijo tía Elena. Ahora mismo voy a la cocina a preparar café para todos con mi nueva cafetera.

Cuando salió su tía, Curt dijo:

—Es fantástico poder ayudar a la familia.

—No sabes lo contentos que estamos, primo—contestó Marisol. ¿Qué podemos hacer para ustedes?

—Bueno—comenzó Javier lentamente con la mirada fija en su hermano. Tenemos en Denver fotos de la familia, pero queremos encontrar otros recuerdos° de los   °*mementos*
otros tiempos . . . .

—Especialmente cosas de Abuelito—interrumpió Curt. ¿Todavía guardan cosas de él en alguna parte de la casa?

—Creo que sí, en el desván—contestó Carmen. Yo los llevo allí y pueden buscar entre las cajas de cartón°   °*cardboard boxes*
y los viejos muebles que guardamos allí.

Los jóvenes subieron las escaleras hasta el desván de la casa. Allí Marisol les dijo a sus primos:

—Aquí está. Diviértanse, primos. Nosotras bajamos a la cocina a ayudar a mamá.

Inmediatamente Curt y Javier comenzaron a buscar
en un rincón° donde estaban amontonados° los an-   °corner °piled up
tiguos muebles de la familia. Buscaron allí lentamente
hasta encontrar, después de media hora, dos colchones
viejos.

—Recuerda—dijo Curt. Es el que tiene la etiqueta
especial.

—Sí, ya sé—contestó Javier. No es éste. A ver . . . Sí,
ahora lo veo. Ayúdame a sacarlo.

Los dos jóvenes pusieron el colchón en el piso del
desván.

—Sí, tienes razón—dijo Curt. La etiqueta tiene la
forma de la bandera de Cuba. Ahora, busquemos con

las manos. Si encontramos lo que parece un grupo de pequeñas piedras,° tiene que ser la bolsita.   °*stones, rocks*

Los hermanos buscaron rápida, pero cuidadosamente por más de media hora, tratando de examinar con las manos cada parte del colchón viejo. Mientras buscaban, hablaban del plan:

—Si encontramos los diamantes, no podemos decirle nada a la familia de aquí. No queremos ponerla en peligro. Una vez en los EE.UU. los podemos vender y guardar una cuarta parte para cada familia de los hijos de nuestros abuelos—dijo Javier.

—Absolutamente—replicó Curt. El único problema que tenemos es encontrar una manera de sacarlos del país sin que . . . un momento ¡Creo que hay algo aquí!

Curt sacó del bolsillo del pantalón una pequeña navaja° y cortó cuidadosamente el colchón. Luego, °*blade* metió la mano dentro:

—Tengo algo en la mano. Espera. Y sacó del colchón una pequeña bolsa de plástico transparente, llena de diamantes finos.

Preguntas de comprensión

Contesta con frases completas:

1. ¿Qué compartieron con sus parientes los hermanos? ¿Por qué estuvo muy contento el tío Luis?
2. ¿Dónde guardaba la familia las cosas de Abuelito?
3. ¿Qué forma tenía la etiqueta del colchón que buscaban?
4. ¿Cuál era el plan de los jóvenes?
5. ¿Qué encontraron dentro del colchón?

Capítulo 9

almorzar (ue) *to eat lunch* = **tomar el almuerzo**
junto/a *together* ***separado/a** *separate, apart*
sólo *only* = **solamente**
deber *to owe* ***recompensar** *to compensate, pay back*
alegre *happy* = **feliz**
preocupado/a *worried* ***tranquilo/a** *calm, relaxed*
peligroso/a *dangerous* ***seguro/a** *safe*

Por la tarde toda la familia se preparó para almorzar junta. La tía Elena tenía una sorpresa para los hermanos:

—Está invitado a comer con nosotros José Cruz, el gran amigo de su papá. Ahora es médico y está casado con Rosalinda. Tienen dos hijas un poco menores que ustedes— y muy guapas, a decir la verdad.

—Ay, mamá—dijo Carmen. Recuerda que nuestros primos están aquí sólo dos semanas. Luego tienen que volverse a los Estados Unidos, enamorados o no.

Curt y Javier se pusieron rojos.

En este momento, entró gritando el tío Luis:

—¡Vengan a ver! ¡Vengan a ver!

Todos fueron al garaje donde el viejo De Soto ya funcionaba perfectamente. Todos aplaudieron al tío Luis.

—¡Eso lo debemos a mis sobrinos!—exclamó él. ¡Tenemos que celebrarlo!

Al entrar en la casa todos vieron a José Cruz y a su familia, que salían de la casa de al lado.° °*house next door*

—Hola José. Hola Rosa—dijo la tía Elena. Quiero presentarles a mis sobrinos.

—Y yo les quiero presentar a mis hijas Catalina y Silvia.

Todos se abrazaron y se besaron. Era un día muy alegre en casa de la Familia Holguín.

Durante el almuerzo los gemelos hablaron de su vida en Denver y aprendieron más sobre la vida de su familia en Cuba, del amigo de infancia de su papá, y de sus hijas que sí eran muy, muy guapas. Las hermanas invitaron a los muchachos a pasar con ellas un día en la playa.

Javier y Curt estaban muy contentos, pero también, preocupados. Cuando tuvieron la oportunidad de hablar a solas° con José Cruz, le contaron su secreto y *°alone* su problema.

—Yo no sé en este momento qué decirles—contestó José después de oírlo todo. Es muy peligrosa su situación. Pero por ser ustedes los hijos de mi amigo Juan Holguín, pueden contar conmigo.

Preguntas de comprensión

Contesta con frases completas:

1. ¿Qué sorpresa tenía para los gemelos su tía Elena?
2. ¿De qué trabajaba José Cruz? ¿Cómo era su familia?
3. ¿Por qué entró contento el tío Luis?
4. ¿Por qué estaban contentos y preocupados los hermanos?
5. ¿Qué les dijo José sobre su problema?

Capítulo 10

(el) lugar *place* = **(el) sitio**
apoyar *to support* *****abandonar** *to abandon*
(la) amenaza *threat* = **(el) riesgo**
(el) alquiler *rent* = **(la) renta**
negarse a (ie) *to refuse to* = **rehusar**
detrás (de) *behind* *****delante de** *in front of*
disparar *to shoot* = **tirar**
hacia *toward* = **a**
contra *against* *****con** *with*
acercarse (a) *to draw near (to)* *****alejarse (de)** *to move away from*

(la) cumbre *summit, top* = **(la) cima**
descansar *to rest* *****cansar** *to tire*

Dos días después, los cuatro jóvenes pasaron un día en la playa. Curt estaba muy contento de ponerse su traje de baño nuevo. Por su parte Javier pensaba mucho en dos cosas: la pequeña bolsa de diamantes y la cara bonita de Silvia.

Por fin llegaron a la famosa y bonita Playa Girón. Los gemelos estuvieron muy impresionados.

—¡Qué agua más bonita!—exclamó Javier.

—¡Y qué playa más blanca!—exclamó Curt.

Las dos muchachas estuvieron contentas con las palabras de los muchachos. Todos pusieron sus toallas en la arena y comenzaron a tomar el sol.

—Playa Girón es un lugar muy especial para nosotros, los cubanos—comenzó Catalina.

—Sí, fue aquí donde nuestras tropas defendieron el nuevo gobierno ante° la invasión apoyada por los norteamericanos—interrumpió su hermana Silvia. °*in the face of*

—Entonces—dijo Curt, hablas del famoso incidente de La Bahía de Cochinos.° °*Bay of Pigs*

—Sí, lo recuerdo muy bien—siguió Javier. En la escuela secundaria estudiamos la época de la Guerra Fría° entre los países capitalistas y los países comunistas. °*Cold War*

—Bueno, para ustedes es algo de un libro de historia, pero para nosotros es la vida de todos los días—dijo Silvia. Todos los días vivimos con la amenaza de los norteamericanos. Todavía tienen la gran base militar de Guantánamo en tierra cubana. Dicen que cada año los norteamericanos le mandan el alquiler al Comandante, pero desde hace treinta años, él se niega a cobrar el cheque.

—Exacto—dijo Catalina. Somos muy patrióticos los cubanos. Mira allí, esas tropas detrás del dique marítimo.° Hacen maniobras° en preparación para otra invasión.

°*sea wall*
°*maneuvers*

Los jóvenes miraron la línea de soldados que, escondidos detrás del dique marítimo, disparaban sus rifles hacia el mar.

—Pero no entiendo—replicó Javier. Desde hace cuatro décadas nuestro gobierno prefiere usar el embargo económico para luchar contra el gobierno cubano, no armas y balas.

—Es verdad—contestó Catalina, pero para nosotros estas maniobras son un símbolo de nuestra resistencia.

Los jóvenes decidieron acercarse más a las tropas para observarlas. Javier le susurró a su hermano:

—¿Ves al hombre que está en uniforme detrás de nosotros? Me recuerda a alguien.

—Sí—contestó Javier. Creo que es el hombre del avión. ¿Recuerdas? El hombre de la cartera llena de documentos. No es la primera vez que lo veo desde que llegamos. Creo que nos sigue. ¿Qué vamos a hacer? Tengo miedo.

—Tranquilo—contestó Curt. José Cruz dijo que nos iba a ayudar.

Los cuatro muchachos caminaron sobre la cumbre del dique marítimo. Mientras los otros observaban a los soldados, Javier se concentró en observar al hombre del avión sin mirar en donde ponía los pies. Se cayó del dique sobre la muñeca° izquierda. Los otros jóvenes bajaron rápidamente. Cuando llegaron hasta Javier, su cara expresaba dolor.

°*wrist*

—Creo que tengo la muñeca rota—dijo sencilla-
mente.

Los jóvenes subieron rápidamente al coche y lo llevaron a la clínica donde trabajaba José Cruz. Silvia se
sentó a su lado y lo abrazó cariñosamente:

—No te preocupes. Papá es un médico de primera.°   °*first-class*

Cuando llegaron a la clínica, un enfermero llevó a
Javier ante el médico. Cuando estuvo solo con el Doctor José Cruz, Javier le habló del hombre en la playa.

El Doctor Cruz le contestó:

—Conque los seguía, ¿eh? Me lo imaginaba.° Ese   °*I expected as much.*
Roberto nunca descansa.

Le examinó el brazo y después de sacarle una radiografía,° le dijo con una sonrisa de satisfacción en los °X-*ray*
labios:

—Sí, tienes una pequeña fractura en la muñeca.
¡Qué fantástico! Creo que ya tenemos la solución.

Javier lo miró sin comprender ni quién era
Roberto ni por qué era fantástico tener la muñeca
fracturada.

Preguntas de comprensión

Contesta con frases completas:

1. ¿Por qué estaba contento Curt?
2. ¿En qué pensaba Javier?
3. ¿Por qué tenía Playa Girón una importancia especial para los cubanos?
4. ¿Por qué pensaba Silvia que los norteamericanos amenazaban a los cubanos?
5. ¿Qué hacían los soldados en ese momento?
6. ¿Por qué ese día los cubanos seguían haciendo maniobras en la playa?
7. ¿Quién era el hombre que vio Javier? ¿Fue la primera vez que Curt lo vio?
8. ¿De dónde se cayó Javier? ¿Adónde lo llevaron?
9. ¿Qué comentó el Dr. Cruz después de escuchar las palabras de Javier?
10. ¿Qué le dijo el Dr. José Cruz a Javier con respecto a su muñeca? ¿Qué significaba eso?

Capítulo 11

disfrutar de   *to enjoy* = **gozar (de)**
quizás   *perhaps* = **tal vez**
prometer   *to promise* = **hacer una promesa**
hacer cola   *to stand in line* = **ponerse en la fila**
atrás   *backwards*   ***adelante**   *forward*
boquiabierto/a   *astonished, open-mouthed* = **asombrado/a**
sospechar   *to suspect* = **pensar**
pertenecer a   *to belong to* = **ser de**
de veras   *really* = **realmente**
(el) vidrio   *glass* = **(el) cristal**
lastimado/a   *hurt, damaged* = **dañado/a**

Durante la semana siguiente, los hermanos Holguín y las hijas Cruz eran casi inseparables. Todos los días salían a pasear juntos y disfrutaban de la isla. Javier tenía enyesado° el brazo izquierdo y casi se olvidó de ese día en Playa Girón. Cuando salían a pasear por la ciudad, siempre buscaban al hombre del avión, pero no lo vieron más. Casi se olvidó de él también. Casi.

°*in a cast*

Se acercaba el día de vuelta a los EE.UU. Para los hermanos era un día dulce, pero también triste. Tenían muchas ganas de volver a ver° a su familia en Denver, pero sabían que les iba a hacer mucha falta° su familia en Cuba. También pensaban mucho en sus nuevas amigas Silvia y Catalina.

°*see again*
°*they were going to miss*

—¿Ves?—dijo Curt cuando estaba solo con su hermano. Parece que las diferencias políticas siguen separándonos de la gente que amamos.

—Pero podemos esperar—contestó Javier. Algún día, quizás . . . .

Curt sonrió y pensó otra vez en la bolsita de diamantes.

Por fin llegó el día de su salida. Curt y Javier se despidieron de su familia con muchos abrazos y besos. Estuvieron muy contentos de ver que Silvia y Catalina los abrazaron y los besaron de una manera muy especial.

Los gemelos prometieron volver lo más pronto posible. Luego, subieron al De Soto y su tío Luis los llevó

al aeropuerto. Llegaron con muchísima anticipación° °*very early*
porque, como en todas partes en la isla, era necesario
hacer cola. Cuando llegaron al mostrador° a facturar° °*counter* °*to check*
las maletas, el empleado les indicó que tenían que
pasar a una sala especial. Llegó un guarda y ellos lo siguieron.

El tío Luis fue también. En el cuarto se dieron
cuenta de que el hombre del avión les esperaba con
otro hombre en bata° de médico. °*smock*

—¡Qué bueno es volver a verlos, amigos!—dijo el
hombre. Yo soy el Coronel Caucho de la Policía
Secreta.

Luego, se volvió a Javier:

—Joven, queremos examinar ese brazo enyesado.

Javier dio unos pasos atrás, y el tío Luis aclaró la
voz:° °*cleared his throat*

—Pero, ¿qué es esto, Roberto?—comenzó Luis. Mis
sobrinos no son enemigos del estado.

Curt y Javier miraban boquiabiertos a su tío. ¡El tío
Luis conocía al Coronel! ¿Era ese señor el muchacho
del barrio que mencionó Abuelita hace seis meses?

—Tranquilo, Luis—contestó el coronel. No sos-
pechamos de ti ni di tu propia familia. Pero, repito,
quiero ver ese yeso.° Creo que estos jóvenes tienen °*cast*
algo que le pertenece a nuestro gobierno. Ahora, a la
sala de radiografías.

El hombre de la bata llevó a Javier a una sala especial
y le sacó una radiografía de su brazo enyesado. Luego,
volvieron a donde estaban los otros. Habló el hombre
de la bata:

—Tiene usted razón, Coronel. El yeso contiene
dentro muchas pequeñas irregularidades, como pequeñas piedras. Pero, debe saber usted que la muñeca
está de veras fracturada.

—Córtale el yeso—ordenó abruptamente el Coronel.

Y el hombre de la bata puso el brazo de Javier sobre
una mesa de metal. Luego, sacó un pequeño serrucho
quirúrgico° y cortó en dos el yeso. Cuando terminó, lo °*surgical saw*
quitó del brazo de Javier y lo examinó con una lupa° es- °*lens*
pecial. Después, se volvió al Coronel Caucho:

—No son más que pequeños granos de vidrio. El yeso no contiene nada.

El tío Luis miró al Coronel Caucho y gritó:

—¡Qué insulto, Roberto! ¡Y el pobre muchacho tiene la muñeca lastimada y necesita en seguida otro yeso! ¡Tienen que llevarlo inmediatamente a la clínica del doctor Cruz! ¡El avión sale dentro de una hora!

Preguntas de comprensión

Contesta con frases completas:

1. ¿Adónde iban juntos los jóvenes la semana siguiente?
2. ¿A quién buscaban?
3. ¿Por qué el día de volver era dulce y triste?
4. ¿Por qué Curt y Javier estaban muy contentos con los besos y los abrazos de Silvia y Catalina?

5. ¿Por qué llegaron al aeropuerto con mucha anticipación?
6. ¿Quién los esperaba en un cuarto especial?
7. ¿Qué quería examinar el coronel y por qué?
8. ¿Qué dijo el hombre de la bata después de sacarle una radiografía a Javier?
9. ¿Qué usó el hombre para cortar el yeso? ¿Y para examinar el yeso?
10. ¿Por qué gritó después el tío Luis y qué dijo?

Capítulo 12

aterrizar *to land (airplane)*   ***despegar** *to take off*
detenerse *to stop* = **pararse**
(la) fila *row* = **(la) línea**
atónito/a *flabbergasted* = **boquiabierto/a**
enseñar *to show* = **mostrar (ue)**

Dos horas más tarde el avión aterrizó en Miami después del vuelo de 35 minutos. Javier y Curt suspiraron con alivio.° Cuando por fin se detuvo el avión y bajaron los pasajeros, los gemelos vieron a su papá esperándolos en primera fila. Él corrió a recibirlos:

°*sighed with relief*

—¡Hijos!—dijo él, muy emocionado. Bienvenidos a Florida. ¿Qué tal están? ¿Cómo está toda la familia? ¿Y ese brazo enyesado, Javier?

Los tres se sentaron en la sala de espera y Juan Holguín escuchó en silencio mientras sus hijos le contaban las noticias de su familia en Cuba. Él tenía muchas ganas de saber cómo vivían y cómo estaban todos.

—Estoy muy orgulloso de ustedes dos—dijo al fin. Son el hilo° que une nuestra familia.

°*thread*

Luego, él repitió:

—¿Y ese brazo enyesado, Javier?

Entonces, los gemelos le describieron su vuelo a Cuba, el hombre bien vestido, su visita a la playa de Girón, y la ayuda médica de José Cruz.

—Entonces, sí conocieron a José. Me alegro—dijo Juan. Háblenme de él, por favor.

Los hermanos hablaron de José, su esposa Rosalinda y sus dos hijas muy guapas.

Juan estaba muy contento de saber que su amigo José vivía tan bien y que tenía una familia tan buena. Se levantaron todos y caminaron hacia la salida. Juan se paró:

—Pero todavía no entiendo por qué tuvieron problemas en el aeropuerto al prepararse para volver a La Florida—comentó Juan.

—Para entender eso—comenzó Curt, tienes que pensar en un colchón viejo y el gran sueño de nuestra querida abuelita. Juan miró atónito a su hijo.

—Y también—continuó Javier, tienes que recordar que puedes depender de viejos amigos cuando necesitas dos yesos en un solo día, ¡uno con vidrio y otro con diamantes!

Juan miraba boquiabierto a sus hijos.

Javier levantó el brazo enyesado y se lo enseñó a su padre.

—Papá, creo que debes sentarte otra vez. Curt y yo tenemos mucho que contarte . . .

Preguntas de comprensión

Contesta con frases completas:

1. ¿Cuánto tiempo duró el vuelo a Miami?
2. ¿Quién los esperaba y dónde?
3. ¿Por qué dijo Juan que los gemelos eran un "hilo?"
4. ¿Por qué necesitaba Juan sentarse otra vez?
5. ¿Piensas tú que es cierta esta historia? ¿Por qué?

Composición

Capítulos 7–12

Contesta las siguientes preguntas en forma de tres párrafos, siguiendo el orden de las preguntas.

1. ¿Quiénes esperaban a los gemelos cuando ellos llegaron a La Habana?
2. ¿A quién no vieron los chicos cuando iban a casa de sus tíos en taxi?
3. ¿Cuándo y dónde encontraron los diamantes?
4. ¿Cuál fue su plan?

* * *

5. ¿Por qué fueron a Playa Girón y qué importancia histórica tenía ese lugar?
6. ¿Por qué Javier se cayó del dique marítimo?
7. ¿Por qué José Cruz se puso contento al examinar el brazo de Javier?

* * *

8. ¿Quién los esperaba en el aeropuerto el día de su regreso a los EE.UU. y por qué?
9. ¿Qué encontraron los oficiales cuando le cortaron el yeso a Javier?
10. Después del incidente en el aeropuerto, ¿en qué insistió el tío Luis y por qué?

Verb Tables

Preterit

Regular Verbs			
-ar		*-er and -ir*	
habl-		com-	
-é	-amos	-í	-imos
-aste	-(asteis)	-iste	-(isteis)
-ó	-aron	-ió	-ieron

Ser/Ir/Dar/Ver					
Ser/Ir		*Dar*		*Ver*	
fui	fuimos	di	dimos	vi	vimos
fuiste	(fuisteis)	diste	(disteis)	viste	(visteis)
fue	fueron	dio	dieron	vio	vieron

-ir Stem-Changing Verbs			
o>u (dormir, morir)		*e>i* (pedir, servir, mentir, preferir)	
dormí	dormimos	pedí	pedimos
dormiste	(dormisteis)	pediste	(pedisteis)
d*u*rmió	d*u*rmieron	p*i*dió	p*i*dieron

Unstressed Preterit Forms

Estar	**estuv-**	
Tener	**tuv-**	e
Andar	**anduv-**	
		iste
Hacer	**hic-**[1]	
Venir	**vin-**	o
Querer	**quis-**	
		imos
Poner	**pus-**	
Poder	**pud-**	(isteis)
Saber	**sup-**	
Caber	**cup-**	ieron
Traer	**traj-**	
Decir	**dij-**	Same, except for **-eron**
Producir	**produj-**	
Conducir	**conduj-**	

---

[1]**Note:** hizo

Imperfect

Regular Verbs			
-ar		*-er and -ir*	
habl-		com-	
-aba	-ábamos	-ía	-íamos
-abas	-(abáis)	-ías	-(íais)
-aba	-aban	-ía	-ían

Ser/Ir/Ver					
Ser		*Ir*		*Ver*	
era	éramos	iba	íbamos	veía	veíamos
eras	(erais)	ibas	(ibais)	veías	(veíais)
era	eran	iba	iban	veía	veían

Using the Preterit and the Imperfect

Use the preterit as you would use your past tense in English. That is, the preterit describes the beginning or end of an event, or the entire event.

1. En 1898, Los Estados Unidos tomó posesión de Cuba.
   In 1898, the United States took possession of Cuba.

2. La invasión terminó después de dos días.
   The invasion ended after two days.

3. Curt y Javier fueron a Cuba durante el verano.
   Curt and Javier went to Cuba during the summer.

Use the imperfect to *describe* in the past, including what was happening, used to happen, or happened repeatedly in the past.

1. Cuba era la joya del Nuevo Mundo durante la época del imperio español.
   Cuba was the jewel of the New World during the age of the Spanish Empire.

2. Mientras los muchachos nadaban, un hombre los observaba.
   While the boys swam (were swimming) a man observed them (was observing).

3. Seis meses después, Curt y Javier estaban de vacaciones y hacían las maletas para viajar a la Habana.
   Six months later, Curt and Javier were on vacation and packing their suitcases for their trip to Havana.

Use the preterit and the imperfect together to describe what was occurring when another action took place.

1. La gente que los españoles encontraron en su primer viaje no tenía nombre.
   The people that the Spaniards encountered on their first trip did not have (an overall) name.

2. Cuando bajaron del avión en la Habana les esperaban su tío y su familia.
   When they got off the plane in Havana, their uncle and his family were waiting for them.

3. Eran las ocho cuando salieron del aeropuerto.
   It was 8 o'clock when they left the airport.

Vocabulary

A

abarrotes (*m./pl.*) groceries, foodstuffs
abrazar to hug, embrace
abrir to open
acabar to finish, end
  . . . de + infinitive to have just . . .
  . . . en to end up in
acera sidewalk
acerca (de) concerning
acercarse (a) to draw near (to)
aclarar to clear up
  . . . la voz to clear one's throat
acompañar to accompany
acostumbrarse (a) to become accustomed (to)
adelantarse to step forward
además (de) besides, in addition to
aduana customs
agarrar to grab
agitado/a agitated, upset
agrícola agricultural
aguantar bromas to tolerate (someone)
águila (*m.*) eagle
ahogar to drown
ahora now
al fin at last
al lado de next to
alberca swimming pool
alcanzar to reach
alegrarse to be glad, become happy
alegre happy
alegremente happily
Alemania Germany
algo something
alguno/a/os/as some

aliado/a ally
alivio relief
allí there
alma soul
almacén grande (*m.*) department store
almorzar (ue) to lunch
alquiler (*m.*) rent
alrededor (*m.*) surroundings
alto/a tall
altura altitude
alzar to raise
amado/a beloved
amanecer (*m.*) dawn
amar to love
amargo/a bitter
ambiguo/a ambiguous
amenaza threat
amor (*m.*) love
amparo help
añadir to add
andar to walk
anochecer (*m.*) dusk
antepasados forefathers
anticipación anticipation
  con . . . early
antiguo/a old
apagar to turn off
apenas hardly
apoyar support
apoyo support
aprender to learn
apresurarse to hurry
apretar (ie) to squeeze
aquí here
arco iris (*m.*) rainbow

arena   sand
arma   firearm
arrastrar   to drag
arrullo   lull
ascendencia   ancestry
asesinar   to kill
así   thus, in that way
asiento   seat
asombrado/a   astonished
asombrar   to astonish
asombro   astonishment
asustado/a   frightened
aterizzar   to land
atestado/a   crowded
atónito/a   bewildered
atrapar   to catch, trap
atrás   backwards
atravesar (ie)   to cross
aumentar   increase, augment
aún   even
aunque   although
averiguar   to find out
avión (*m.*)   airplane
avisar   to advise
ayuda   help, aid
ayudante   helper
ayudar   to help
azúcar (*m.*)   sugar
azul marino   navy blue

B
bahía   bay
bajar   to lower, descend
   . . . se   to get out (of a vehicle)
bala   bullet
bandera   flag
barranca   ravine
barro   clay
base (*f.*)   base
bastante   enough, rather
bata   robe
baúl (*m.*)   trunk
bautizar   to baptize
bello/a   beautiful
besar   to kiss

beso   kiss
bisabuela   great-grandmother
bisabuelo/a   great-grandparent
bloqueo   blockade
bolsa   bag
bolsillo   pocket
bombero/a   firefighter
bonito/a   pretty
boquiabierto/a   astonished, open-mouthed
bordado/a   embroidered
borrar   to erase
brazo   arm
brillar   to shine
bromear   to joke
buscar   to look for, search

C
caballo   horse
caber   to fit
   no . . . duda   there's no doubt
cabizbajo/a   sad, crestfallen
cachete (*m.*)   cheek (México)
cacique (*m.*)   chieftan
cada   each
caerse   to fall down
cafetera   coffee pot
caja   box
callarse   to hush
cambiar   to change
   . . . de tema   to change the subject
cambio   change
caminar   to walk
camiseta   tee shirt
campaña   campaign
campesino/a   farmer, farmworker
campo   field
cantar   to sing
cara   face
cárcel   prison
cariño   love affection
cariñosamente   lovingly
carmín   deep red
carrera   career
carretera   highway

cartel (*m.*) sign
cartera portfolio
cartón cardboard
cartonero/a papier-mâché artist
cartucho cartridge
casado/a married
casarse to get married
casi almost
casualidad (*f.*) coincidence
cenar to dine
centro downtown
cerca (de) near (to)
cerrar (ie) to close
  . . . el paso to cut off
chispa spark
cicatriz (*f.*) scar
cielo sky
cien one hundred
ciervo deer
cima top
cimientos foundations
cine (*m.*) movie theater
cinturón (*m.*) belt
ciudad (*f.*) city
ciudadano/a citizen
claro/a clear
clave (*f.*) key, solution
clima (*m.*) climate
cobrar (un cheque) cash a check
cochino/a pig
cocina kitchen
colchón (*m.*) mattress
colgar (ue) to hang
colina hill
colocar to place
colonia neighborhood
comedor (*m.*) dining room
comenzar (ie) to begin, commence
comandante (*m.*) commander
compartir to share
complacer to please
comprar to buy
comprender to understand
conocer to know, be acquainted
conocimiento knowledge

conque and so, so then
conseguir to get, obtain
conservar to conserve
contar (ue) to tell, count
  . . . con to count on
contener to contain
contestar to answer
contra against
corazón (*m.*) heart
corbata necktie
corer to run
coronar to crown
cosecha crop
costumbre (*f.*) custom
crear to create
criar to bring up, rear
cruzar to cross
cubierto/a covered
cuello neck
cuenta bancaria bank account
cuento story
cuidado care
cuidadosamente carefully
culpa blame
cumbre (*f.*) top
cumplir to comply
  . . . con la palabra to keep one's word
cuna cradle
cura (*m.*) priest

D
dama lady
dañar to hurt
dar to give
  . . . se cuenta to realize
  . . . se prisa to hurry
de acuerdo agreed
de primera mano first-hand
de repente suddenly
de veras really
debajo (de) below, beneath
deber to owe, should
debido a due to
  . . . de + *inf.* to cease to . . .

dejar   to leave behind, to allow
delante (de)   in front (of)
delgado/a   slim
demás los demás   the others
dentro   inside
depender   to depend
  . . . de   to depend on
deprimido/a   depressed
derecho/a   right
derrotar   to defeat
desaparecer   to disappear
descansar   to rest
desde   from, since
  . . . luego   of course
despedirse de (i)   to say good-bye to
despegar   to take off (airplane)
despertarse (ie)   to awaken
después   later, after
desterrar (ie)   to exile
desván (*m.*)   attic
detalle (*m.*)   detail
detenerse   to stop
detrás (de)   behind
devolver (ue)   to give back, return
diario/a   daily
difícil   difficult
dios (*m.*)   god
dique marítimo   sea wall
dirección (*f.*)   address, direction
dirigirse (a)   to direct oneself
  (towards)
disfrutar (de)   to enjoy
disparar   to shoot
divertirse (ie)   to enjoy oneself, to
  have a good time
dolor (*m.*)   pain
dominar   to dominate
duda   doubt
dudar   to doubt
dulce   sweet
durante   during

E

echar   to cast
edad (*f.*)   age
edificio   building

ejército   army
embarazarse   to become pregnant
emocionado/a   excited
empezar (ie)   to begin
empleado/a   employee
empresa   business
empujar   to push
enseguida   immediately
enamorado/a   in love
encantado/a   delighted
encantador/a   delightful
encendido/a   on fire
encontrar (ue)   to find, encounter
enemigo/a   enemy
enojarse   to get angry
enseñar   to show, teach
entender (ie)   to understand
entre   between, among
entregar   to hand in
enviar   to send
enyesado/a   in a cast
época   epoch, age
equipaje (*m.*)   luggage
equivocado/a   wrong, mistaken
escalofrío   chill
esclavitud (*f.*)   slavery
escoger   to choose
esconder   to hide
escrito/a   written
escuchar   to listen
esmeralda   emerald
eso   that
espalda   back
espejo   mirror
esperar   to hope, wait
espina   thorn
esposa   wife
esposo   husband
estacionado/a   parked
estacionar   to park
estado   state
estadounidense   American (United
  States)
estrella   star
etiqueta   tag
evitar   to avoid

extrañamente strangely
extranjero/a foreigner

F

fábrica factory
fácil easy
facturar to check (luggage)
faltar to lack
familiares (*m.*) relatives
feroz fierce
fijarse (en) to notice
fijo/a fixed
fila row
fin end
   . . . **de semana** weekend
flauta flute
frontera border
fruncir la frente to furrow one's brow
fuente (*f.*) fountain
fuera out, outside
fuerte strong
fuerza force, strength
funcionar to work
funcionario/a official
fundar to found

G

ganar to earn, win
gemelo/a twin
gente (*f.*) people
gobierno government
gozar to enjoy
gritar to shout
guapo/a attractive
guardar to keep
guerra war
guerrillero/a warrior, guerilla
guiñar to wink

H

hacer to do, make
   . . . **chantaje** to blackmail
   . . . **cola** stand in line
   . . . **falta** to lack, miss
   . . . **la maleta** to pack
   . . . **se** to become

hacia toward
hacienda ranch
hallar to find
hasta until
hecho/a made, done
herencia inheritance
herido/a wounded
heroísmo heroism
herramienta tool
hijo/a son, daughter
hilo thread
himno anthem
hombro shoulder
hoy today
   . . . **en día** nowadays
huella mark
huir to flee
humilde humble

I

iglesia church
imagen (*f.*) image
impedir (i) to impede, avoid
imperio empire
indígena (*m.*) native
infierno hell
injusto/a unjust
inmediatamente immediately
intercambiar to exchange
íntimo/a intimate, close
invierno winter
isla island
izquierdo/a left

J

jalar to pull (Mexico)
jamás ever, never
jefe (*m.*) boss
jinete (*m.*) rider, horseman
joven young, youth
joya jewel
junto/a together

L

labio lip
lado side

lado al . . . de   next to
lago   lake
lágrima   tear
largo/a   long
  a lo . . . de   throughout
lástima   pity
lástimarse   to hurt oneself
lata   tin (can)
latón (*m.*)   tin
lavaplatos (*m.*)   busboy
lejos (de)   far (from)
lema (*m.*)   motto
lengua   language
lentamente   slowly
letrero   sign
levantarse   to stand
ley (*f.*)   law
libre   free
limpiar   to clean, clean out
lindo/a   pretty, attractive
listo/a   ready, smart
llegada   arrival
llegar   to arrive
  . . . a ser   to become
llenar   to fill
lleno/a   full
llevar   to take, carry, wear
  . . . de leva   to draft (into the army)
llover (ue)   to rain
lluvia   rain
lograr   to manage to, to achieve
los demás   the others, the rest
luchar   to fight
luego   next
lugar (*m.*)   place, space
luna   moon
lupa   magnifying lens

M

madera   wood
maleta   suitcase
maletero   trunk
mandar   to send, order
manera   way, manner
maniobra   maneuver
mano (*f.*)   hand
  a . . .   by hand

de primera . . .   first-hand
mar (*m.*)   sea
marido   husband
matar   to kill
matrimonio   married couple
mayor   older
medallón (*m.*)   locket
mejilla   cheek
major   better
mellizo/a   twin
memoria   memory
menor   younger
mensaje (*m.*)   message
mente (*f.*)   mind
mercado   market
mes (*m.*)   month
meter   to put, place
metido/a   involved
mientras   while
mil   one thousand
milagro   miracle
mirada   look, glance
mismo/a   him/herself
mito   myth
molestar   to bother
molino   mill
morir (ue)   to die
mostrador (*m.*)   counter
mueble (*m.*)   furniture
muerte (*f.*)   death
mundo   world
todo el . . .   everyone
muñeca   wrist

N

nacer   to be born
nacimiento   birth
nadie   no one
navaja   knife
negar (ie)   to deny
  . . . se a   to refuse
nevada   snowstorm
nevar (ie)   snow
ni siquiera   not even
nieto/a   grandchild
niñez   childhood
nivel (*m.*)   level

no obstante nonetheless
norte north
noticia news
novio/a girl/boyfriend
nube *(f.)* cloud
nuevo/a new
  de ... again

O
obispo bishop
obstinado/a stubborn
octavo/a eighth
oído ear
oír to hear
ojalá if only
olvidar to forget
orgullo pride
orgullosamente proudly
orgulloso/a proud
oscuro/a dark
otra vez again

P
país *(m.)* country
palabra word
pantalón *(m.)* pant
pañuelo handkerchief
pararse to stop
parecer to seem
  ... se a to resemble
pariente *(m.)* & *(f.)* relative
pasar to spend, pass time
pasearse to stroll, walk about
patria homeland
patrón/a patron
paz *(f.)* peace
pedir (i) to ask for/of, request
pegar to hit
peligro danger
peligroso/a dangerous
pensar (ie) to think
pensativo/a thoughtful
peor worse
pequeño/a small
perder (ie) to lose
  ... de vista to lose sight
pertenecer (a) to belong to

peste *(f.)* deadly disease, pestilence
pie *(m.)* foot
piedra rock, stone
pintura paint
piso floor
pista de baile dance floor
plata silver
platería silver work
platicar to chat, converse
playa beach
pobre poor
poder *(m.)* power *(verb)* to be able to, can
poner to put, place
  ... se to put on
  ... se de rodillas to kneel
por fin finally
por lo tanto as a result
portarse to behave
prender to seize
  ... fuego a algo to set fire to
preocupado/a worried
preocuparse to worry
primavera spring
primo/a cousin
principio beginning, start
  al ... at first
profundo/a profound, deep
prometer to promise
pronto quickly
propio/a own
prueba proof
puente *(m.)* bridge
puesto *(m.)* stand, stall, job, position

Q
quedar to remain
  ... en to agree to
  ... se to stay
quemar to burn
querer (ie) to want
querido/a dear, beloved
quitar to remove, take away
quizás maybe

R
radiografía X-ray

raíz (*f.*)   root
rango   rank
rascacielos (*m.*)   skyscraper
raya   stripe
rayo   ray
recién   newly
recitar   to recite
recobrar   to recover
recoger   pick up, recover
reconocer   to recognize
recordar (ue)   to remember
recuerdos   memories
regatear   to bargain
régimen (*m.*)   regime
regreso   return
reírse (i)   to laugh
reloj (*m.*)   clock, watch
reparar   to repair
replicar   to reply
responder   to answer
reunirse (con)   to meet (with)
revisar   to review, study
rey (*m.*)   king
rezar   to pray
rincón (*m.*)   corner
rodear   to surround
rodilla   knee
romper   to break
ropa   clothing
rosal (*m.*)   rose garden
roto/a   broken
rubio/a   blond

S
sacar   to take out
sala   room
   . . . **de espera**   waiting room
salida   exit, departure
salir   to leave, go out
   salirse con la suya   to get one's way
saludar   to greet
sangre (*f.*)   blood
secuestrar   to kidnap
seguida   enseguida   immediately
seguido/a   followed
seguir (i)   to follow, continue

según   according to
seguro/a   sure, safe
semana   week
señal (*f.*)   sign
sentarse (ie)   to sit
sentirse (ie)   to feel
   lo siento   I'm sorry
ser   to be
seriamente   seriously
serpiente (*f.*)   snake
serrucho quirúrgico   surgical saw
servir (i)   to serve
severamente   severely
siempre   always
sierra   mountains
siglo   century
significado   meaning, significance
siguiente   following
sin   without
sino   rather
sitio   site
sobre   above, on
   . . . **todo**   above all
sobrevivir   to survive
sobrino/a   nephew/niece
soldado   soldier
sólo   only
solo/a   alone
a solas   alone
soltar (ue)   to loosen, let go
sombra   shade, shadow
sonar (ue)   to sound, ring
soñar (ue) (con)   to dream (about)
sonreír (i)   to smile
sonrisa   smile
sopa   soup
sorprender   to surprise
sorpresa   surprise
sospechar   to suspect
sostener   to sustain
subir   to climb
   se a . . .   get into (a vehicle)
suelo   floor
sueño   dream
suerte (*f.*)   luck
sugerir (ie)   to suggest

sujetar to subdue, secure
suponer to suppose
sur (*m.*) south
suspirar to sigh
susurrar to whisper

T

tamaño size
también also
tampoco neither
tanto so much
tanto/a so many
tardar (en) to delay
tarea homework
tela cloth
tema (*m.*) theme
temporada period
temprano early
tener to have
  . . . ganas de to want (to)
  . . . la vista clavada en to stare at
tentar (ie) to tempt
tercero/a third
terco/a stubborn
terminar to finish
tienda store
tierra land
título university degree
toalla towel
tocar to touch
tocayo/a person(s) with same first
  name
todavía still, yet
todo all
  . . . el mundo everyone
tomar to take
traicionar to betray
traidor (*m.*) traitor
traje (*m.*) suit
  . . . de baño bathing suit
trasero/a rear
tratar (de) to try (to)
tregua truce

tribu (*f.*) tribe
triste sad
tristeza sadness

U

último/a last
único/a only
unir to unite
  . . . se (a) to join

V

valer la pena to be worthwhile
valle (*m.*) valley
vencer to conquer, defeat
vender to sell
ver to see
verano summer
veras de veras really
verso verse, line of poetry
vestido/a dressed
vestirse (i) to get dressed
vez (*f.*) time, occasion
  a la . . . at the same time
  a veces at times
  en . . . de in place of
viajar to travel
vida life
vidrio glass
virrey (*m.*) viceroy
viruela smallpox
viuda widow
vivo/a alive
volar (ue) to fly
volver (ue) to return
  . . . se to turn abound
voz (*f.*) voice
vuelo flight

Y

yeso cast

Z

zapatero/a cobbler